U0069914

狄膺日記

1951

上冊

The Diaries of Ti Ying（Diffoutine Yin）

1951

- Section I -

狄　膺　原著
王文隆　主編

研究成了近代史學的一大特色。本來不同的史料，各有不同的性質，日記記述形式不一，有的像流水帳，有的生動引人。日記的共同主要特質是自我（self）與私密（privacy），史家是史事的「局外人」，不只注意史實的追尋，更有興趣瞭解歷史如何被體驗和講述，這時對「局內人」所思、所行的掌握和體會，日記便成了十分關鍵的材料。傾聽歷史的聲音，重要的是能聽到「原音」，而非「變音」，日記應屬原音，故價值高。1970 年代，在後現代理論影響下，檢驗史料的潛在偏見，成為時尚。論者以為即使親筆日記、函札，亦不必全屬真實。實者，日記記錄可能有偏差，一來自時代政治與社會的制約和氛圍，有清一代文網太密，使讀書人有口難言，或心中自我約束太過。顏李學派李塨死前日記每月後書寫「小心翼翼，俱以終始」八字，心所謂為危，這樣的日記記錄，難暢所欲言，可以想見。二來自人性的弱點，除了「記主」可能自我「美化拔高」之外，主觀、偏私、急功好利、現實等，有意無心的記述或失實、或迴避，例如「胡適日記」於關鍵時刻，不無避實就虛，語焉不詳之處；「閻錫山日記」滿口禮義道德，使用價值略幾近於零，難免令人失望。三來自旁人過度用心的整理、剪裁、甚至「消音」，如「陳誠日記」、「胡宗南日記」，均不免有斧鑿痕跡，不論立意多麼良善，都會是史學研究上難以彌補的損失。史料之於歷史研究，一如「盡信書不如無書」的話語，對證、勘比是個基本功。或謂使用材料多方查證，有如老吏斷獄、法官斷案，取證求其多，追根究柢求其細，庶幾還原案貌，以證據下法理註腳，盡力讓歷史真相水落可石出。是故不同史料對同一史事，記述會有異同，同者互證，異者互勘，於是能逼近史實。而勘比、互證之中，以日記比證日記，或以他人日記，證人物所思所行，亦不失為一良法。

從日記的內容、特質看，研究日記的學者鄒振環，曾將日記概分為記事備忘、工作、學術考據、宗教人生、游歷探險、使行、志感抒情、文藝、戰難、科學、家庭婦女、學生、囚亡、外人在華日記等十四種。事實上，多半的日記是複合型的，柳貽徵說：「國史有日歷，私家有日記，一也。日歷詳一國之事，舉其大而略其細；日記則洪纖必包，無定格，而一身、一家、一地、一國之真史具焉，讀之視日歷有味，且有補於史學。」近代人物如胡適、吳宓、顧頡剛的大部頭日記，大約可被歸為「學人日記」，余英時翻讀《顧頡剛日記》後說，藉日記以窺測顧的內心世界，發現其事業心竟在求知慾上，1930 年代後，顧更接近的是流轉於學、政、商三界的「社會活動家」，在謹厚恂恂君子後邊，還擁有激盪以至浪漫的情感世界。於是活生生多面向的人，因此呈現出來，日記的作用可見。

晚清民國，相對於昔時，是日記留存、出版較多的時期，這可能與識字率提升、媒體、出版事業發達相關。過去日記的面世，撰著人多半是時代舞台上的要角，他們的言行、舉動，動見觀瞻，當然不容小覷。但，相對的芸芸眾生，識字或不識字的「小人物」們，在正史中往往是無名英雄，甚至於是「失蹤者」，他們如何參與近代國家的構建，如何共同締造新社會，不應該被埋沒、被忽略。近代中國中西交會、內外戰事頻仍，傳統走向現代，社會矛盾叢生，如何豐富歷史內涵，需要傾聽社會各階層的「原聲」來補足，更寬闊的歷史視野，需要眾人的紀錄來拓展。開放檔案，公布公家、私人資料，這是近代史學界的迫切期待，也是「民國歷史文化學社」大力倡議出版日記叢書的緣由。

狄膺日記導言

王文隆

南開大學歷史學院副教授

一、狄膺生平

狄膺（1896-1964），江蘇省太倉縣璜涇鎮人，為溧陽（舊稱平陵）胥渚狄氏之衍族，原名福鼎，字君武，自號邃思齋主、平常老人，1896 年 1 月 3 日（光緒 21 年 11 月 19 日）生於璜涇鎮，為長子，上有一姐穎芬，下有福震、福晉、福豫三弟，育有原滄（字公望）、原溟（字寧馨）二子。[1] 曾祖父狄勸為生員，嗣祖父狄本仁為國學生，生祖父狄景仁業儒，太平天國之亂後改執棉布業，父親狄為璋曾舉太倉州學秀才第一，上海龍門師範學堂文科卒業，時為私塾老師，後任小學教員及校長，母親陸藏貞。先生五歲認字，1906 年（光緒 32 年）改入高等小學，1908 年（光緒 34 年）冬考入龍門師範學堂，在學五年期間，經歷了辛亥革命，該校改名為江蘇省立第二師範學校，1914 年畢業後，至崑山縣第二高小任教達一年半。[2]

---

1 狄膺，〈十載追思〉，狄君武先生遺稿整編小組編，《狄君武先生遺稿》（臺北：中國國民黨黨史史料編纂委員會，1965），頁 10；平陵狄氏宗譜續家譜編修工作組，《平陵狄氏宗譜》（北京：家屬自印，2018），頁 19。

2 狄膺，〈狄膺自傳〉，狄君武先生遺稿整編小組編，《狄君武先生

1916 年，先生以國學特別優長，考入北京大學哲學系，名列第八。羅家倫回憶道：

> 狄君武先生與我相識遠在 1917 年北京大學西齋 4 號房間。這號房間裡共住 4 人，為傅孟真、顧頡剛、周烈亞、狄君武。我因為同孟真、頡剛都對文學革命運動有很大的興趣，故常到 4 號商討編撰和出版《新潮》問題。君武此時雖在哲學系，卻愛好「選學」，常常填詞作曲以就正於黃季剛、吳瞿安兩先生。烈亞則治佛學，後來做西湖某大叢林的住持。「道並行而不相悖」，正是當時的氣氛。[3]

1919 年，五四運動爆發，許多知識青年紛紛走上街頭抗爭，也有許多學生被捕入獄。羅家倫也回憶與狄膺參與的一段：

> 到了「五四」運動發生的時候，波濤洶湧，君武見外患日迫，軍閥專橫，於是一變其文人積習，而投身於此一運動。如營救五四到六三間陸續被捕之同學一幕，他和我在晚間帶了些食品和內衣等到警察廳內的看守所去「探監」。一進廳門，衛兵均以刺刀相向。我要和他一道進去，他力阻我同去。他說：「他們認得你，不認得我。」又說：「你會同

遺稿》，頁 2-3。

3　羅家倫，〈前言〉，狄君武先生遺稿整編小組編，《狄君武先生遺稿》，頁 1。

他們爭執，讓我單獨去罷！」我不肯，終於同進去。他以和善口吻，說太倉人學講的北京話，對方看他是一個十足的文弱書生，態度也就和緩下來了。這是他在「秀才遇到兵」的場合中，能應變的一幕。以後幾次類似的交涉，同學們都推他去辦。[4]

可見狄膺在學潮中之處事應對得當，分寸拿捏得宜。

1919 年夏天畢業後，狄膺回到江蘇省立第二師範母校任教，次年 1 月與任教於小學的顧瑛（字綴英）結婚。1921 年 7 月，狄膺響應吳稚暉的號召，參加勤工儉學行列，赴法就學於中法大學研究院為特別生，並於留法期間加入中國國民黨。1925 年冬因父親重病，自法歸國甫一個月，父親便過世。1926 年夏赴廣州，供職於國民黨中央政治會議祕書處，和葉楚傖共事，自此參與黨政工作。1927 年，南京國民政府建立後，歷任國民黨南京市黨部宣傳部部長、國民黨江蘇省黨部指導委員。1931 年 10 月起任立法委員，後於 1933 年與 1935 年連任。黨務工作方面，1935 年，他當選為國民黨第五屆候補中央監察委員。1938 年，任國防最高委員會第三處處長。1942 年 12 月，任國民黨中央執行委員會副祕書長。[5] 1945 年，任國民黨第六屆中央執行委員、中央監察委員會祕書長。抗戰勝利後，當選為制憲國民大會代表。1947 年，任中央政治委員會委員。

4 羅家倫，〈前言〉，頁 1。

5 狄膺，〈狄膺自傳〉，頁 3-4。

1948 年，在戶籍地以三十萬票高票當選為第一屆立法委員。1949 年，國共內戰局勢丕變，自成都經海口遷至臺灣，妻子滯留南京，原滄、原溟兩兒滯留北平，分別就讀北大與清華，狄膺孤身一人赴臺，血親僅二房姪長女狄原湛和其夫婿施文耀來臺。1950 年，任國民黨中央改造委員會紀律委員會副主任委員。1952 年，改任黨史史料編纂委員會副主任委員，為主委羅家倫之副手，並為國民黨中央第七至九屆中央評議委員。黨史史料編纂委員會副主任委員一職可謂閒缺，加以立法委員之收入，生活大抵無虞，然因家人皆不在身邊，家無定居，食無定所。[6] 或因他在臺孤身一人，經常出外遊覽，對於同鄉活動參與頗多，對後進照顧亦深。1955 年 6 月中，因糖尿病引發眼底視網膜血管破裂，左眼失明，目力漸衰，以單一目視，書寫行斜字歪。[7] 狄膺入臺北廣州街中心診所診治，後送至聯勤醫院，醫師吳靜稱他有六病，一齒、二腰、三糖尿、四慢性膽囊炎、五眼翳障、六機能性腦血管痙攣，身體狀況惡劣，這使得他在 1955 年 4 月至 6 月及 1955 年 7 月至 9 月兩冊日記的封面，特別寫上了「病」字。[8] 身體漸弱後，他鮮少應允外界題字的請託，然于右任於 1958 年在臺北復

6 〈狄膺先生事略〉，國史館編，《國史館現藏民國人物傳記史料彙編》，第 11 輯（臺北：國史館，1994），頁 137-138。

7 狄膺，〈除夕歲前短語〉，狄君武先生遺稿整編小組編，《狄君武先生遺稿》，頁 84；狄膺，〈學書自敘〉，狄君武先生遺稿整編小組編，《狄君武先生遺稿》，頁 87。

8 狄膺，《邃思齋日記》，1955 年 6 月 29 日，《狄膺檔案》，中國國民黨黨史館藏，檔號：膺 1317.25。

辦粥會，該會以「閒話家常，笑談古今」為宗旨，洽合先生寓於詩文的雅緻，故積極參與，並於次年粥會欲置辦會所時，勉力提筆，鬻字贊助，協助集資。[9]

先生晚年困於糖尿病，身體欠佳，不僅視力受損，且患有慢性腹瀉，1962 年清明節前遊歷新竹，返家發現右肢麻木，口不能言，驚覺中風，送榮民總醫院緊急救治，而後時臥病榻，至 1964 年 3 月 15 日因感染肺炎辭世，享年七十歲。[10] 狄膺過世後，因無家人在臺，全由國民黨中央協助照料後事並舉辦公祭，出席者二千餘人，同年 6 月 28 日，葬於新竹市青草湖畔靈隱寺旁自擇墓地。限於兩岸政治分隔，狄膺墓地由姪女一家維護，狄膺直系子孫直到兩岸和緩後，才獲准赴臺祭掃。

二、《狄膺日記》的來由

狄膺生前最終黨職為黨史會副主委，因他的直系親屬都滯留大陸，其後事全由黨部同仁操辦，在兩岸敵對的大環境下，狄膺身後遺留的財產與負債僅能由中央黨部代為處理。為此，黨部特別組織狄膺先生遺物委員會，由時任交通部政務次長的張壽賢為主席，除邀請黨部相關單位派員參與之外，亦邀請姪女婿施文耀為家屬代表出席。委員會決定狄膺遺產中，收支絀餘扣除應納稅款以及親友積欠後賸下近二萬二千元新臺幣移作治喪費用，豁免狄膺積欠黨部與黨史會的近五萬元，協助出

9 〈重建粥會聚會所　狄膺鬻字籌款〉，《中央日報》，1959 年 9 月 27 日，第五版。

10 杜負翁，〈悼狄膺〉，《中央日報》，1964 年 3 月 19 日，第六版。

售金華街房產之剩餘部分填入治喪款中，鋼筆、輓聯及私人用具交施文耀收存，另密函狄夫人報喪，並收得狄夫人回函。[11] 中央公教人員保險金的出險部分，匯存香港上海銀行，以狄夫人名義存入，曾成功匯撥一筆三百港幣進入大陸。或因大陸當時政治氣氛影響，後狄夫人來信關切出售房產之剩餘，並告以暫緩匯款。[12] 依照委員會決議，實體文物由黨史會史庫收存，納為館藏，包括狄膺之日記、家譜、賬本、金石、相簿、文件、圖書等。在狄膺先生遺物委員會的紀錄中，雖稱接獲狄夫人來函，但文件中未見存檔，然從狄夫人曉得狄膺之房產處置以及保險金收取等事推斷，委員會之決議狄夫人理應知情，而委員會中亦有姪女婿代表家屬發言，對於委員會的決定也應知曉。大陸歷經多次政治運動與文化大革命的動盪，狄家因狄膺為國民黨高級幹部，也多受牽連。狄夫人於 1978 年辭世。狄原滄、原溟二子，自從兩岸開放之後，才得赴臺祭掃，並多次去函國民黨表達取回狄氏家譜，以及部分私人物品、照片、金石的願望，然皆未果。

筆者自 2012 年 10 月接任中國國民黨文傳會黨史館主任，在史料庫房搬遷完竣之後，恢復資料開放，也將

11 「狄君武先生遺物處理委員會第一次會議」（1964 年 4 月 21 日），《狄膺檔案》，中國國民黨黨史館藏，檔號：膺 685-2；「狄君武先生遺物處理委員會第五次會議」（1964 年 9 月 11 日），《狄膺檔案》，中國國民黨黨史館藏，檔號：膺 685-6。

12 「狄君武先生遺物處理委員會第四次會議」（1964 年 9 月 11 日），《狄膺檔案》，中國國民黨黨史館藏，檔號：膺 685-5；「狄君武先生遺物處理委員會第五次會議」（1964 年 11 月 14 日），《狄膺檔案》，中國國民黨黨史館藏，檔號：膺 685-6。

《狄膺日記》列上開放時程。狄家後人於2015年5月，一方面透過狄原溟之女狄蘭來函，一方面透過姪女狄源湛之子施銘成、施銘賢親訪，再度表達希望黨部歸還家譜的願望，經轉陳文傳會主委林奕華，再續報祕書長李四川同意後，於該年6月2日將家譜、戶口名簿、病歷、部分私人照片及印鑑等奉還家屬代表狄蘭查收。黨史館復藉此機會取得家屬同意，在館內開放《狄膺日記》及其賬本。因為此番結緣，2020年時也獲得家屬同意與授權，藉由民國文化學社協助，將《狄膺日記》鍵錄出版，俾利學界研究利用，深謝家屬慨允與學社的支持，歷經三年時間的整理，共得百萬餘字的日記，分批出版。

三、《狄膺日記》的價值

狄膺向有做紀錄的習慣，主要有兩類，一是賬本，一是日記。前者始自1933年，終於1962年3月的《不宜悉記，不可不記》，共十二冊。狄膺記賬始於上龍門師範學堂一年級時，當時一個月僅得十元，必須記賬撙節，而自記賬本取名有其思路，他說「不宜悉記者，記賬時偶忘之，不苦加思索，施不則償，不必誌其姓氏；不可不記者，人之厚我，我所欠人，何可一日忘之者是也。」[13]雖說是不宜悉記，但賬本內容鉅細靡遺，舉凡各項收入、日常飯食、往來交際、生活採買、車船

13 狄膺，〈（七）〉（1944年9月1日），狄君武先生遺稿整編小組編，《狄君武先生遺稿》，頁42。

交通、納款繳費，只要是錢款往來，幾乎無一不錄，由是透過他的賬本，不僅能呈現出一部穿越抗戰、內戰及至遷臺的社會史，也能是觀察貨幣與通澎的經濟史。後者為始自 1950 年 1 月，終於 1960 年 12 月的《邃思齋日記》，共四十七冊，主要集中在遷臺之後的記述。狄膺寫日記，開始得很早，從他八歲開始便就有不全的日記，十四歲起陸續成冊，自題為《雁月樓日記》。結婚之後，仍有撰寫日記的習慣，但因將同太太爭執的細節也寫進日記，惹得太太不高興抗議，才不再寫。留法期間曾做記事，返國後因任職中央政治會議祕書，擔心一不小心洩漏機密，暫停日記，直到遷移來臺之後，才復記日記。[14] 日記的內容一如賬簿一般瑣碎，除了流水賬式的記事之外，也將友人的聯繫方式、往來信函、時事感言、故事雜記、奇聞軼事散記其中，甚至連吃飯的桌次、菜譜都不漏。一日之記事最多能達數頁，舉凡天氣、路況、心情、談話與路徑都能寫入，間或夾雜 1950 年之前的追記與回憶，可說無所不包。

對於書寫來說，瑣碎是一項缺點，但對於史料價值而言，瑣碎有時反而留存了更多資訊。或因狄膺在臺灣大多時間自甘平淡，對於官場、權勢、財富都沒有強烈慾望，家人多不在身邊也少了些許煩惱，有了大把時間可以記事，將走訪各地的見聞，與朋友、同鄉、粥會的往來，化為文字，搭配上羅家倫為其編輯出版的《狄君

14 狄膺，〈邃思齋日記序〉，狄君武先生遺稿整編小組編，《狄君武先生遺稿》，頁 88。

武先生遺稿》很能作為政府遷臺初期日常生活史、社會經濟史、飲食文化史的素材，對於了解外省族群來臺後的情況也能有所管窺。於目前史學界流行的戰後離散史之研究提供絕佳資料。只可惜狄膺來臺之前的日記與圖書，因戰亂關係，已經全數佚失，現僅存來臺之後的部分，之前的相關內容完全闕如，不無遺憾。

四、結語

狄膺自號「平常老人」，寓意為「一個普通的年邁者」，然而這個孤身來台的普通人，雖能藉著參與北大校友會、蘇松太同鄉聯誼會，以及台北粥會的機會，與友朋交遊，到各處就餐，或是前往姪女處走動，但總還是常念及滯留大陸的妻小，有時還會悲從中來。1951 年 1 月 2 日元旦假期期間，自記：「今晨在動物園見母猴偎乳其獮，為之捉蚤，親愛之極，無可比方。頓念先慈恩愛，又惜二兒長違，心痛淚流，難以解釋。」[15] 這份「難以解釋」，除了對家鄉和孩子的思念之外，也是深知兩兒滯留大陸且與自己立場不同，終是難以再見的悲苦，只能暗自淚眼婆娑，不足為外人道也。相似的心緒，偶而也會在他心中浮起，他左眼失明後的第一個除夕夜裡，自記道：「余過除夕，不能不憶家鄉，又不能不憶已過之穎姊、祝妹、受祥，遠離之公望、寧馨。余孑然一身，中心起伏萬狀，遇節更悲，非他人所可體

15 狄膺，《邃思齋日記》，1951 年 1 月 2 日，《狄膺檔案》，中國國民黨黨史館藏，檔號：膺 1317.3。

會也。」[16] 這位普通老人的心情，在大時代洪流的衝撞下，也有他難以言喻的一面。

史料為公器，資料公開能使過去撥雲見日。黨史館所藏《狄膺日記》在家屬的支持下，不刪改任何一字，不遮掩任何一段，全部判讀後鍵錄出版，是一份新史料的公布，也是一份新素材的揭露，吾人能透過狄膺手書的紀錄，回過頭去看看 1950 年代臺灣社會的種種，無論是採取個人史的微觀，或是將狄膺所記作為取材的一項，都頗具價值。

16 狄膺，《邃思齋日記》，1956 年 2 月 11 日，《狄膺檔案》，中國國民黨黨史館藏，檔號：膺 1317.28。

民國史百寶箱：《狄膺日記》與我

劉維開

國立政治大學歷史學系退休教授

民國歷史文化學社要出版前中國國民黨黨史史料編纂委員會副主任委員狄膺遺存的日記，編輯們由日記中知道狄膺生前與先父劉象山多有往來，要我對日記的出版寫一些話。

狄膺過世的時候，我年紀還小，不確定在他生前有沒有見過，但是在他過世後，印象中有一年，先父母帶著我和妹妹專程到新竹青草湖拜謁狄膺墓，父親在墓前說「給狄公公行禮」，帶領我們恭敬的行三鞠躬禮。狄膺過世後，他的資料保存在黨史會，我到黨史會工作後，偶有機會與管理史料的阮繼光先生談話，他不止一次的對我說：「狄膺檔案中有不少你父親的資料」，但是我當時沒有想到要看這些資料，現在感到有些後悔。當時如果調出日記查閱，對於日記中提到的一些人事，可以詢問先父母，現在則沒有辦法。

先父早年從事黨務工作，與狄膺應該有一些見面的場合，但是據先父自述，兩人交往是在 1945 年中國國民黨舉行第六次全國代表大會。當時狄膺是中央黨部副祕書長，先父是黨部專門委員，調派到狄膺的辦公室工作，擔任大會祕書。兩人均喜好詩文，且有共同熟識的友人，來往逐漸密切。先父留存一本大陸時期的詩稿，其中有多首與狄膺有關的詩作，時間大概在 1945 年左右。此後兩人時有詩作酬和，狄膺有時不欲將父親詩作再錄於日記上，要他直接書寫於日記上，我在日記中見到兩處父親的筆跡。

先父於 1949 年離開北平後，一路輾轉到臺灣，再到香港，爾後接受狄膺建議，至海南島任職，之後再到臺灣。這段經過，《狄膺日記》中記事和先父的回憶大致相同，看到 4 月 4 日記有「下午覆劉象山、陳幹興、孔鑄禹書」，孔鑄禹、陳幹興（本）是先父在海南任職時結識的好友。孔鑄禹伯伯幾乎每年會來臺灣參加十月慶典活動，他的兩個孩子在臺灣接受大學教育，常到家裡，和我們的關係如同家人；陳幹興則是每隔一段時間會和父親通信，我印象最深的是他寄來的一件孫中山手書「燕歌行」影本，父親特地將它裝框掛在牆上。孔、陳兩位應該是狄膺居留廣州期間，往來香港、海南時所結識，他曾經介紹孔鑄禹為海口中央日報黨股代表人，與陳幹興（本）則是時有詩作往來。

狄膺在中國國民黨六全大會後改任中央監察委員會祕書長，行憲後當選第一屆立法委員，這兩個職務使他在 1949 年大多數的時間跟著中央黨部與立法院移動。2 月初，中央黨部與行政院相繼遷廣州辦公，大部分的立法委員也都到了廣州。狄膺於 1 月底從南京到上海，2 月 5 日搭乘海平輪，於 9 日抵達廣州；10 月 12 日，由廣州搭機隨中央黨部及政府遷重慶辦公；11 月 29 日因重慶情勢危急，飛抵成都；12 月 5 日，成都危急，搭機至海口，30 日自海口飛新竹，31 日抵臺北，暫住其姪女原湛與姪女婿施文耀寓所，後得臺灣鐵路管理局（簡稱「鐵路局」）局長莫衡（葵卿）同意，居住在臺北市西寧北路 6 號鐵路招待所相當一段時間。對於這段經歷，他在《不宜悉記不可不記》賬冊中，有詳細的記錄。

狄膺來臺初期，需要處理中央監察委員會事務，同時出席立法院相關會議，事務較為繁忙；中國國民黨改造後，中央監察委員會結束，改任紀律委員會副主任委員，除了參加黨內總理紀念週等活動外，主要是出席立法院相關會議。閒暇時間則是探親訪友、定期參加崑曲聚會，以及和友人打麻將。他常在早年曾服務於交通界的錢探斗，以及當時任鐵路局材料處處長王世勛（為俊）兩人的家中打麻將，輸贏都記在《不宜悉記不可不記》賬冊中。

王、錢兩位都是我的長輩，王世勛與日記中所記郁佩芳是夫妻，亦是先母的寄爹、寄媽，我稱他們為外公、外婆；錢探斗是先母乾媽錢馨斯的兄弟，張藕兮是他的妻子，我稱他們為錢公公、錢婆婆。王、錢兩家住的很近，王世勛家在長安東路二段、中山女高對面；錢探斗家在建國北路一段三十三巷；長安東路和建國北路成垂直狀，印象中兩家的房子就是背靠背。王世勛的籍貫是福建林森，但是出生在蘇州，實際上是蘇州人；錢探斗是太倉人，和狄膺是同鄉。在日記中還有一位在王世勛家打牌的友人陳敏，我稱她為陳婆婆，在行政院新聞局工作，和先母的關係很好，隔一段時間會到家裡找先母聊天。在 1954 年 2 月的日記中，有一段記道：「張毓貞、丁淑貞、侯佩尹、顏叔養均來，同張、侯到梅龍鎮吃包子。」當日的賬本上有：「付張毓貞同食點二十元。」張毓貞即是先母，我之前以為先母認識狄膺，是因為先父的關係，但是這個時候先父母還沒有結婚，看到日記這些記事，或許與王、錢兩家有關。

狄膺的交遊廣闊，友人甚多，加上博聞強記，日記中除了每天的活動記事外，還包括許多所聽聞的歷史掌故、人物軼事，如鈕永建自述參加革命經過、吳鐵城自述訪日與麥克阿瑟談話要點、張知本談政學會與政學系、周佩箴談浙江革命黨事等等，每一段都是民國史上重要的資料。張靜江病逝後，狄膺將所聽聞張氏生平軼事、易簣前情形以及張氏譜系等通通記在日記上，可以說是張靜江重要傳記資料。對於自己所經歷事，如中國國民黨中央改造委員會成立後，中央監察委員會辦理結束，他身為祕書長負責移交，在日記中將移交的過程，特別是款項的交接，記錄得十分詳細。又如他早年曾響應吳稚暉勤工儉學號召，赴法國留學，因此尊敬吳稚暉為師，不時前往探望，日記中記錄了吳氏的晚年身影，其中也包括蔣中正與蔣經國對吳稚暉的照顧。除此之外，狄膺定期參加徐炎之、張善薌夫妻召集的崑曲聚會，日記中有不少聚會時的記事，包括參加者以及表演的內容等，可以說是崑曲在臺灣發展的重要資料。

狄膺逝世後，黨史會將他的詩文彙集成《狄君武先生遺稿》，並將其《不宜悉記不可不記》賬冊中歲首年尾之感懷記事，摘錄收錄其中，內容亦頗為可觀，且因其始於 1938 年，可以與日記相互參看，補充其家世及早年記事之不足。整體而言，《狄膺日記》內容相當豐富，有時會覺得瑣碎，但是仔細閱讀，可以發現其中有不少值得參考的資料，視之為民國史資料的百寶箱，當亦不為過。

編輯說明

一、本書收錄狄膺 1951 年之日記，共分上下兩冊，上冊錄該年 1 月 1 日至 6 月 30 日止，下冊錄 7 月 1 日至 12 月 31 日止。

二、古字、罕用字、簡字、通同字，在不影響文意下，改以現行字標示。

三、日記中原留空白處，以□表示，難以辨識字體或破損處，以■表示，編註以【 】標示。

四、作者於書寫時，人名、地名等時用同音異字、近音字，落筆敘事，更可能有魯魚亥豕之失，為存其真，恕不一一標註、修改。

目錄

上冊

民國日記總序／呂芳上 I
狄膺日記導言／王文隆 V
民國史百寶箱：《狄膺日記》與我／劉維開 XV
編輯說明 XXI

1951 年

1 月 1
2 月 41
3 月 74
4 月 118
5 月 154
6 月 189

下冊

民國日記總序／呂芳上 I
狄膺日記導言／王文隆 V
民國史百寶箱：《狄膺日記》與我／劉維開 XV
編輯說明 XXI

1951 年

7 月 1
8 月 42
9 月 67
10 月 99
11 月 139
12 月 179

1951年

張諟齋丁丑九月為紀念先君，刻此印於嘉慶十年八月張叔未曾刻之石章上。不肖膺記。

【編註：印章在夾頁處，掃描不完整】

1月1日　陰曆十一月二十四日　晴

晨於雀噪雞啼時起身，望園樹圓頂上紅霞數道，五分鐘之後白頭翁來作鉤輈數聲，似來拜年者，此鳥已許久不來矣。

錢十嚴因余五十六齡生日作壽詩云：

立言立德慰平生，歲琯蘧知已六更，
交樂忘年君漸老，時逢多難各長征；
河山大地銷兵氣，風月滄江待主盟，
何日樓頭重把酒，綠楊遺恨問啼鶯。

前日得余天民九龍十二月廿三日書，抄來三十七年八月二十七日余題蔡先生與伊手札五絕句云：

心喪豈僅三年盡，正氣銷沉天下哀，
聆語唯唯範銅象，又從遺墨認餘灰。
簷花直是窮簷飾，橫卷珍抄越縵詩，
請假改期都有札，不勝恭敬對人師。

青山道風（二山名）皆可游，一行一止兩書留，
慘看衰老難支語，已是先生不下樓。
偶然指點到填詞，入手常州正派宜，
規律較嚴申意婉，同源演變自風詩。
兒女關懷疾病多，棲遲孤島發悲歌，
滿江紅意蒼涼甚，寒士謀醫總奈何。

天民謂葉遐庵亦曾題詩一絕句，此外作者數人，然求如兄之藻思泉湧，一氣呵成，當場揮毫有如宿構者，實屬寥寥。蓋才難之嘆，自古已然，乃不意雲和絕調，得聞今日，且係出之故人，弟能不載欣載誦，永奉為傳家寶乎。此五首似寫在監察委員會，余未留稿。又有題陳志賡西山永慕圖四首，皆對尺頁振筆直書，吐露真性，非吟弄之作。四首得譽於浙江，五首邀稱於香江。羅志希今日作「元氣淋漓之傅孟真」，謂余常年在北大專習詞章，其實非是，余早與南社諸人往來，看不起詞章，哲學、法律皆曾學習，而文學上成就甚淺，不可與古人方駕。錢十嚴則稱余為太倉數十年來罕覯人物，如以淡泊熱忱言，余確能自勉，至於學術，極難言也。李濟之昨述孟真自語，云伊之所知亦極蕪亂，又述孟真為丁在君收服，在君先生治學為先師蔡先生所佩。余十四年自法歸國，師作介紹書，謂余習市政管理，可助理淞滬市政，余曾往見，後以丁為孫傳芳所命之淞滬市政督辦，於黨人不相宜，余不再往，事亦未成。在君先生之地質學真有成就，如余當日朝夕與共，必得學其治學精神也。

晨八時，談龍濱、劉文川、俞時中、張百雍來拜年，同出往紅玉，未啟門，乃到三六九吃湯包及麵。余同時中往吳稚暉先生寓拜年，至則吳先生已袍掛整齊坐會客室中，家人團聚。先生將出參加總統府團拜，余即至總統府向祕書長王世杰、參軍長劉士毅賀年，介壽堂中所希見之客為何雲樵（鍵）、余家菊、陳百年先生等。十時行禮，總統讀元旦宣言，蹴讀作就，軋讀作札，軔字讀得不清，不知有人糾正否。會散，余參加公路改造委員會成立會，余演說後即出。到于先生寓拜年，設茶點桌椅於進門樹陰下，余晤李崇實。既而到居覺生先生家拜年，得晤莫紀彭，有一鄭成功廟紀念冊，余書「凡同胞瞻謁鄭延平王廟者，歲朝納福」。出，到李君佩先生處拜年，時已中午，天熱如春三月。回寓換衣，即到鄭味經家食麵，食罐頭桃桃與白蘭地酒，為朱歐生、鄭皓所贈，鄭明今日在家。飯後即歸寓，吳瑞生來坐，廖世勤來坐。五時同廖君到西門國校乘四路車，遇高越天。到大安橋，走入永康街洪叔言家飯，治菜極多，以炒菜為佳，氣鍋雞失敗。晤朱慕貞及其新婿，席後顧儉德、朱慶治送余歸。余入鐵路局禮堂觀紅鸞禧、寶蓮燈及打棍出箱，陸夫人極賣力。

1月2日　晨陰，十時雨

起身後，出信札令振華閱之。同伊出，於泰康購火腿、奶粉及鹹魚送謝長茂夫婦，同伊在三六九麵，余另攜鹹魚至向秀家。同往動物園，見白鶴、孔雀、鳩鴿、長尾山娘、羌子及胡璉所贈大龜。園有一角可望淡水河，有茶座，位置甚佳，雨晴佳日可攜酒往，傾遇黃俊等。十二時返向秀寓飯，以豆湯、大鍋菜為佳。飯後走鄭州路搭車，購汽油車票又被普通車客擠住柵門，比五人得出而車已行矣，乃改乘一點半開行之普通車。抵下招待所而雨，向夏心客夫人借得雨具，向采今日值班，肇衡新得就，有意得浴早返，乃下招待所。女浴堂尚寬大清靜，而男浴堂工人來浴者多，顯然不潔。於是共上林蔭路至上招待所，以一點鐘浴五人，沙發軟適，茶味苦釅。各人出水後腿紅如熟藕，體暖似加煤，惟在大雨中下山，頭髮為雨淋漓。至車站，而野雞車索三十元，乃仍搭普通車返台北。余同肇衡回寓換衣，到向采寓飯，飯後略臥乃回。路平甫赴高雄，四號開船至香港，六號可到，余託帶美金三十元寄綴英南京供用。今晨在動物園見母猴偎乳其獼，為之捉蚤，親愛之極，無可比方。頓念先慈恩愛，又惜二兒長違，心痛淚流，難以解釋。母猴兩乳粉紅，下垂五六分長，若於胸毛上懸兩根粉紅頭繩然，余初次見到。施振華十一時離寓，十二點半車返岡山。

1月3日　雨

晨未用早點。邱紹先來閱日記、取照片，伊愛何德寬所攝，自傷兵醫院下坡四人中伊回顧余之一幀，何君為余放大者，灌木叢中八蘆花，余持二花橫胸前，余擬題作隱蘆圖者。十時同邱君出行，至西門町別，余至中本取息。入交通銀行尋陳惠夫未得，歸讀衛青傳。十二時入中央黨部，李樸生邀莫紀彭、姜伯椿錦江飯，余以容，感極閒適之致。又葉之兄亦立中行，已故世，故世者共三人，其另一人為□□□。飯時李君佩、諶忠幹、楊佛士食黑麵包，菜以獅子頭、韭黃肉絲、凍豆腐為佳，燉雞已屬多餘，君佩先生似欣賞酒釀圓子。黑麵包係一白俄婦人特製者，非賣品。席散，君佩講粵船戶中午各食香蕉兩隻當一飯，又記其對話云：甲詢「昨聞抱病，今日何遽划船」。乙答「我們是得閒死，不得閒病」。深刻慘痛，實有此狀，不但船戶如此也。得綴英十二月廿一日南京書。

工商日報四日載男女生理心理的分別：（一）嬰兒生產率以 106 男對 100 女，否則世界女子更多；（二）在懷孕期開始，女胎流產較少；（三）出生以後未到學齡前，除開百日咳男嬰易治之外，男孩染猩紅熱、燕虎鱗沙、肺炎，腦膜炎、泄瀉、痢疾而死亡的比女孩之為多，其死亡率男孩較大 20%；（四）在高等學校讀書，男孩子意外死亡還比女孩子多，但是女子易染肺病，死於肺病者女子較大 63%，心臟病大致相等，十萬人中男孩佔 15、女孩 14；（五）成人階段男女死亡率才接近平衡，但是女人似較優勝，一個廿五歲的女人但可能再有四十八年的壽命，而同年的男人祇有四十四年，一百個男人就有一百一十個女人，所以如果夫妻同年，妻子守寡的機會是 54%；（六）在生育過程，出生到八歲，男比女較高較重，八歲至十二，女便開始迎頭趕上，十二至十五、六，女比男較高較重，自此以後便到轉過來；（七）女孩恐懼的時間比男孩大五倍，男孩怕身體受傷，女孩則對空虛——例如黑暗有所恐懼，他們妒忌心重，所有權和內省力也強；（八）病一年內，男人七天或九天，女子十二天半或十三天，並非女人善病，女人是短期的病，男人要長期休息，病也較嚴重；（九）自殺成功三個男人才有一個女人，她們自殺時不是想殺死自已，而是想別人注意到她們的真實和幻想的哀怨而已（十二月讀者文摘）。

先母常云，女孩中揀掉了肚腸都不會死的，是經驗之談，於此更得科學根據。

1月5日　晴

晨陽光滿院。十時邱紹先來商詩句，同出到陳霆銳律師處作商務印書館股權蓋印。孫道始云在台股權祇有全額百分之一・五，經濟部祇允改組台灣分館為台灣商務印書館股分有限公司，今日所蓋印者為聲請撤銷分館登記而為設立登記也。道始約余暇日同飯。出，在友信書局見翁同龢團扇上書，索價百五十圓。到中央日報晤馬星野，知印總統照片漆黑，祇開除了五個工人，並無被捕者。又談董事會已有祕書，沈階升可專管監察人會。余又提及王豐穀十一月份車馬費宜照送事。歸寓，天極熱，幾可單衣。回錦姪處飯，海參肉絲燒至海參見不到，韭黃蛋皮韭黃亦太熟，家鄉菜均嫌過熟。歸臥，徐向行於將醒時來，知請求覆審文件劉詠堯云為遞上。四時張福濱、劉象三來，象三來商詩稿，余為之吟定。同走西門町，購日本包袱一條。入舊書鋪，莫泊桑四冊、退納遜詩一冊、郗篤白利安文選一冊，索價六十元，未購成。六時半周賢頌來候往中心診所，俞時中請黃伯度、俞父五先生蔬食，余等所食為涼碟，菜湯、酥合、魚、牛排、鴨肝、鮮豆烤麵，以烤麵為最，亦嫌蓋焦不厚，以氣司量少故也。黃伯度述張人傑卹令，「公爾忘私，毀家紓難」為總統所親加。飲白蘭地酒，八時伯度車送余回。晨在燉熿書店遇蔣碧微及羅寄梅夫婦，允借給余小說一冊。

君武先生生日邀同市樓共酌賦詩六章為壽

平步青雲早致身，老來風味益清淳，
寒梅疏澹松篁翠，長孕乾坤萬歲春。
世德芬芳毓太倉，文章事業兩光芒，
高樓雅酌宜春酒，為頌南山介壽章。
詩句驚人酒態真，當筵走筆若通神，
議壇不負高標譽，廿載昌言逮下民。
交遊百輩半沉淪，倍覺尊前笑語親，
敬壽先生兼壽世，相期正氣轉鴻鈞。
蓬島方壺日月長，亂離身世總堪傷，
新詞不獨江南憶，悵望燕雲說兩郎。
早識滄溟是雋才，殷勤萬里寄書來，
今年償得收京願，我亦相逢笑口開。

盂縣後學劉象山呈稿

1月6日　晴

劉象山來書壽余詩六絕句，即教伊書於日記，省得另行珍庋。滄、溟兩兒讀書北平，象山頗為照顧，滄兒被毆之後，吳鑄人、何仙樵兩學兄皆關心，真可感也。

覆香港謝旨寔書，託其兄壽康購莫泊桑集、行政法新版書及 Sadism 小說，附去致晝三書，並說綴英態度之非。中午到錦姪處飯，吃蛋餃與葱蝦。飯後至向秀處，值中心診所送來 SALAD，復同食咖哩餃，秀武稱美，食後同向采出理髮。理髮歸，小臥。同出乘十路車至士林園藝場，先晤大悲嫂，正育二十雞雛，星平所贈蝴蝶蘭二株得活，黃柚垂地，嫂謂不如去年。入辦公室見陳所長，引觀教堂，即禮堂，花木已布置像樣，聖誕節一日半布置起來，草皮未貼實，樹枝未醒轉也。余等玩賞新蘭亭甜柑田，拾錫蘭橄欖，攜窩筍葉而回。飲所餘白蘭地酒，食菜頗香，岳、衡更起勁。飯後即回寧園，秦啟文已上山。余入師範學校禮堂中央直屬第一區黨部夜會，有魔術、武術，陳女士唱唐山蹦蹦戲、山東小調及釣金龜，有十歲小孩唱女起解，家眷到者頗多，所穿頗樸實，頗有聰明秀麗者。余歸而啟文已返，知山上客滿，無被可容，一人黑夜上山，上山前又未食飯，頗為氣苦。上山之動機一半為余，余殊不安。晝三冬至日所寫信消息如下：

（一）北京商標局來請桐表弟，弟謝而不往。

（二）十一月初五過冬至，豐、錫、奐、弓夫婦、李贊華全家、朱福元及其母均至，共擠二桌。

（三）紫衡已報名入幹部學校，阻之不住，論年齡祇十五歲，恐不收，但小妹意旨甚堅。

（四）顧貞元吃白粉，已成癟三。

（五）啞表妹早已返墳：一、伊思家，想阿三；二、在滬要燙頭髮；三、亂造謠言，啞子不通世故。

（六）唐文光來借二十萬，給之，將零涕跪下。

（七）翰林之姘婦為汪堃符之女，往來已五、六年，后學詩介紹，井蓮與寶賢趕往汪處，似不肯斷絕，問余能解決疑難雜事專家有無辦法。

香港金價續上漲，中共外匯牌價昨日又調整（每萬元伸二・三八元），香港匯買入價四千二百元，賣出價四千二百四十元（一月六日工商日報）。

1月7日　晴，晚曾微雨

晨因知上北投有人宿，不欲往洗浴。九時隨秦啟文往中醫鄧君寓，亦公務員改造，方將另覓居室，一因潮州街地僻，二因境況轉佳矣。出，尋鈕長耀夫婦，同往後身尋陸孟益，適同龐松周赴碧潭，女侍說不清何所往，祇云出游。余等到臺北車站，與鈕、秦別。余到向秀寓，喬廷琦與朱□□在，朱君正為岳、衡相面，諸人傾聽，朱並說三個月內有除授，雖無意往任亦不能脫。余與肇衡入京士寓，問水祥雲以雌猴何往，則以就婿對。雌猴出配不易，遇不如意者毆鬥咬罵，不稍假辭色，此番幸肯相互捉蚤，頗有情致矣，希望得胎而回。出，見袁永錫夫人大腹，下月將產，伊園中香蕉一肥一瘦，橡牙紅方盛開。出，到吳保容寓，正與諸女伴包餃，余攜二十隻歸向采寓煎食。又有清蒸鯉魚，子嫌生，醬爆肉甚佳。飯後睡，醒回，喬、朱辭去。余至浦逖生家，有游美□□□君贈伊書隸書，書、詩均穩。崑曲唱賜福，同場後聽人唱走雨，殊難唱，似字義唱不盡者，不知古人何以愛此。出，到杭州南路一段131巷十一號溧陽同鄉會，晤芮晉、芮逸夫、黃希周、楊靖、陳超等。有馮書耕新自香港來，言近正進行土改，聲言每鄉殺三人：一、政治人物；二、地主；三、惡霸。史融、謝樹蘭、毛聽法儲匯皆被殺，姜玉書釋而復拘，土語稱之曰回籠。許聞天現在北平，初擬靠攏，鄉人嘲以聯語云「牆上草，頭重腳輕根柢淺；山間筍，嘴尖皮薄腹內空」。中坐有一姚老太太狄逢辰，久住北平，離溧五十載者來參加，自言賡陶之妹，有四姪，住大理街五十七號，晤余甚欣。余於各人介紹完畢後復入浦寓，同期士女正集款酬謝笛師，余久有此意。浦君款各人餛飩、甜酥合，余攜酥合八贈秀武。陶光唱八陽，趙守鈺唱山亭，皆未及聽，惜哉。五時半至大正町六條通四十一號葉家，應梅頌先、王豐穀招，吃三六九菜，油膩較重。飯前後替豐穀打牌，牌風尚順。歸浴後，在枕上閱湘潭李明志（漁叔）花延年室詩四卷。

1月8日　晴

晨擴大紀念周，總裁講去年五月曾云一年準備、二年反攻、三年掃蕩、四年成功，現觀局勢，五月後反攻可以如願，惟必需同志痛改前非，遵從遺教，然後方能立國大陸，若再挫失，連台灣不保，世界局勢比二次大戰還壞。三次大戰若開始，俄人席捲西歐還較勝德人，法國十分之二傾共，多屬青年，為患甚深，故余不希望世界三次大戰，三次大戰於我國無益，三次大戰不起，一樣能反攻大陸。說至九時三刻，讀守則，禮成。張默君坐在余前排，謂昨引李漁叔訪余，贈詩一冊，漁叔倜黨，惜君不遇。其自序，君前言其誇，漁叔已重寫，頗拜嘉余意。盧欽競坐余旁，余邀其來寓閱詩，允以異日。會散，上樓參觀靈芝展覽會，靈芝屬於多孔菌科，菌蓋的殼皮下生孢子，靈芝成熟，孢子從小孔落下，水流風吹，有時送在枯朽的竹頭或樹根上，是為寄主。春夏多雨，最初長茁一點白色半球狀菌體，再長成棒狀的柄頂端，白色柄漸漸高大，白頂吐蓋，先如皿狀，最後成蓋。蓋初白色，一、二日後分泌一些光亮的假漆物，初黃，繼成赤褐色，再變紫黑，以至黑色。黑如澤漆，名曰玄芝，赤如珊瑚，名曰丹芝，青芝如翠羽，一名龍芝，白芝如截脂，一名玉芝，黃芝一名金芝，紫芝一名木芝。芝有獨生者、叢生、疊生、對生者，形如腎、如扇、如鐘，多數為圓形，其寄主為相思樹、鳳凰木、刺竹、麻竹、榕、松、樟、櫟、樅、龍眼、柑桔等。日人澤田謙吉、今關六也二先生對芝頗有研究，天生不易採集，接種亦極不易。余今日所見，愛木段上長二、三芝者，又愛小芝二、三挺者，此為臺灣特多之產，藥用效果如何尚待研究。下午填戶稅單，報歲公費三百四十五元，上期還有應還之款。佩蘭來，引觀雞舍。四時至王世勛家同陳敏打牌，余小負。飯時食鹹魚，錢家出鹹肉，加硝色佳肉嫩。回寓浴後睡。

1月9日　晴

晨孔凡均夫婦來，虞夫人講述及伊父經營惠記紗花之盛，伊母楊在聖瑪里亞之風頭豪舉。九時邱紹先來贈余所攝碧潭秋泛放大片，懸橋下有二舟，極趣。出到臺北樓，食饅頭佳，露麵不佳。攜饅頭贈向采，取碟命人送回中心診所。余入中華書局晤何子星，子星新拜行政院副祕書長之命，余勸其往靜觀天下事。余閱李思純元史研究，述元史之值得重視：（一）定行省制；（二）擴大漢族，女真、契丹皆為漢人；（三）通歐亞各路。十二時半到江一平家飯，立院同事之外有蘇律師，食錦江菜，不佳，飲白蘭地未竟。膳廳悶氣，天極炎熱，幸邵健工說院中女委員四美八俊十二金釵四霸以為笑資，江夫人治室中及樹庭均美潔。二時搭黃國書車到王世勛家打牌，余所負更小。陳敏生外症，經打針略愈，王嬉圃出應馬超俊夫人飯，穿黃深室衣。夜飯後，諸人無意久戰，余自建國北路、南京東路走回。知方肇岳仍未得就，居先生為作書致譚嶽泉，余又書一片，冀其獲一職得一椽，其夫婿將自香港來矣。歸寓，鄭明林婿在余室譚藥價上漲，十時明歸，余浴即睡。

1月10日　陰雨

晨起身已遲，工人四、五已在啜粥。到中本取中監同仁取利，始付利息所得百分之三，收到後即到中央黨部分給同仁。收到前到交通銀行與李公恪談，棣華有年長之女三、未成年之子女三，應為當心。李君奉趙家襄題輿敬百元，余付周亞陶六十，其徒四十。歸耀甥處飯，飯後歸寧園閱書。三時許，憶昨攜青浦沈瘦東（其光）瓶粟齋詩存遺忘在王家，電話錢藕兮問詢，伊招余往。同王二姑孝英及三姑打牌逾十二時，雞鳴同探斗睡。半夜曾進麥糊，尚能合眼。王、錢兩家溝水不清除，冬日飛蚊成隊，於牌桌下吮膚嚙足，臥帳既下仍有漏網者，余所畏懼也。

1月11日　晴

紹興業師蔡先生生日，余黎明即起，自南京東路返寓，寫絕句五首作為生日頌：

十載悲梁木，七年紀念辰，
真能開風氣，以道覺斯民。
睟容溫且和，義憤滿腔子，
寬厚多許人，強矯以律己。
民六親函文，聞道始勤行，
閱年三十四，無以繼淵閎。
艱危屢來試，所受幸能記，
錢唐對酒時，體會得深致。
兩年在台灣，生日開講會，
復土必不遠，努力於顛沛。

九時乘圓路車至法商學院，十時開會，朱騮先主席，蔣夢麟先生日報告早年蔡先生語言極鋒利，文章亦奇，親「飲食男女，人之大欲存焉」入試卷。晚年遇橫逆亦露義憤，所不可者極不易變通焉。繼為院士四川李先聞講台灣植蔗研究，李君新自澳洲回國，在南部作蔗種改良研究，云台蔗種來自新幾內亞，論天時則南部雨少北部雨多，季節風襲，西岸防風林已漸伐去，又有颱風為災。論地理則山邊土劣，近海含鹽，淡磷酸肥料仰給外國，祇有蔗民之勤儉可算人和，可與世界抗衡。現計於育種方面成立可以抗天時地理缺失之新種，希望能進步至每人得食五觔糖，現時二斤尚不滿云。會散，又上樓開北大同學理監事聯席會議，余得票 181 數最多，任主席。推選常務監察三人、理事九人，為弔傅孟真起立靜默即散會。在禮堂飯，飯後搭騮先車返寧園睡。睡起即走信義路三段參加廣播公司董事會，董顯光導觀五十啟羅瓦特短波裝置，現通世界各地者賴此，房屋之半已振飾一新。會時張道範主席，報告甚長，余主張雖為黨營，既已駐冊成公司，則黨之所宜注意為董監事之人選，及如何對擴布事業予以助力，對形式上依照公司法而定之章程不可更動，今改造會改董事任期三年為一年，似不可遵行。又本會為政府宣達政令，三十六年由陳果夫與行政院訂有合約，此合約期為五年，今年屆滿，會期報告宜送行政院，宜加強聯絡，關稅宜免，似應增訂在合約中。舊欠宜算清，可望遇機取到。余說之後，朱騮先、李君佩皆支持余說。次討論擴充中波，請購小型發電機，借美金購日本另件以修理普通收音機，增加聽眾。又整理節目，講究預播導波，增加流動電台，以利反攻。最後則原議給年終獎金與節目員，余主滿一年者節目費加增，得蒙通過。夜飯時略飲酒，乘李君佩車返寓。在道一處得廿三年黨年鑑及三十年來中國工程（廿三年年鑑之前有十八、十九兩年鑑，廿四年已編）。

1月12日　晨陰，午飯後雨

得孟尚錦書，託謝旨實帶去之美鈔二百元已收，寄來匯條八紙。僑匯牌價於十二月廿六日起，自4750改為4500，一月五日改為4200，由於幣值及物價取得穩定，今後尚有掛低趨勢，即人民幣看漲，最近黑市反低過官價。附來綴英十二月廿九日南京書，鄉下清算開始，穎姊、馮心俠、戴貢三、金賓洛已至上海，顧承祧被拘。十二月十八日楊林鄉鬥爭沈正祥、顧嶽天，張弓之女張道曾往觀看，犯人脫衣服跪在大風中澆冷水，顧嶽天逃到上海去了，就把他娘子拉上台。至韞之費，月至少三十三萬，老母十萬，兩兒十五萬，則為五十五萬。下楊林至少五、六十萬，兩兒不在內。王有恆之母十二月十日卯時病故。傅令儀已至張家口農場，二泉赴杭州做事，振素寒假後亦至杭州，老太太無人照顧，韞將回楊林，如老太太今冬明春出事，韞考慮何處借錢。回錦姪處飯，下午閱三十年來之工程。四時出訪黃仲翔，伊下鄉修屋，其幼子購紅豆餅，余食二枚。訪張百成，值其病胃，知交通銀行董事長由俞鴻鈞代理。六時飲朱慶治生日後一日酒，盡龍東白蘭地一瓶，菜以肚子、干貝為佳，洪姥姥頗有進步。洪叔言又病，蘭伯苦之。十時返寓，閱金仞千送來武進嚴逸翰所寫鐵幕竹枝詞五十首。

1月13日　雨

晨醒後簷溜喧帳外，乃復強睡，至九時始醒。焦立雲乃煮鹹水雞蛋，游鳳嬌為泡龍井茶，閱沈瘦東詩。

十一時一刻陸孟益來譚上海事，走錦姪寓共飯，飯後訪洪亦淵，得何尚時所攝照片。天寒路濕，今日頗有急景凋年之狀，一身孤寄，頗難為懷。方肇岳來訪，未晤，約往譚笑，乃購野味香燻肉一方而往。十二路車頗擠，既抵向秀寓，則知午後向、秀、衡、岳四人到寧寓。夜飯時食大鍋菜，甚美。飯後坐半小時，同衡、岳出購麵包、番茄醬，乃自長安路走返。明日選舉台北市長，吳三連、高玉樹皆組汽車巡行，軍樂鑼鼓均於雨中，繞街不絕，又有助選演說會為候選人代宣政見。

1月14日　雨

晨乘車往上北投浴，向、秀、岳、衡不至，下山遇姚容軒同新夫人車。歸寓，攜身分證到工會選舉吳三連。回寓候張默君，到午飯時不至，乃到向秀寓食湯、炸兩種餛飩。下午往王世勛家，同陶先生、三姑、錢、王兩太太打二十和底小牌。既而楠才來，入晚其夫人來，共打二十圈。余急欲歸，已十一時，秦啟文尚未返，張默君留片，又偕李漁叔來候余甚久，覺不安於懷。枕上聞爆竹聲不絕，吳三連想必當選。閱王荊公絕句。

1月15日　雨

晨赴中央黨部紀念周，直屬第三、四青年黨部改造委員宣誓，于右任監誓，以駱駝臥地負重為喻，讀一書面，禮成。此乃爵人於朝之儀，已做四回，與在大禮堂開舊喪，連下月十一日紀念戴季陶先生亦四回矣。散會，隨張亦武至行政院機要室答拜李漁叔，先留條致歉意。同立吳講雲光在滬患食道瘤後，再往晤李君，知行政院各輓聯出伊手。亦武語我內政部正整理案卷，余作書余井塘薦馬曉峯。出，遇舒君，交伊王豐穀三百元。回寓，同任德曾往錦姪處飯，朱鍾祺同飯，飯後臥。臥後錢石年、劉象山來譚詩，象山背錢牧齋詩數首。出，至鄭州路關務署訪周德偉，不在，晤申慶桂，為朱鍾祺五十二件棉花，海關以廢花不准進口擬沒收，朱君等辯稱係次花可紡粗紗，請求發還事求平裁。出，同象三擬觀電影，已過時，乃入四姊妹飲咖啡。臨窗四沙發面小園，鵑花已開一朵，庭畜鸚鵡、野雞，頗不惡，咖啡奇貴。出，走衡陽路上三路車，走王豐穀寓食羅店王太太所做餛飩、甜鹹湯糰及臘八粥，粥後至居先生寓觀竹牌榦花乃歸。陳伯稼到余寓久坐，未晤余，留字而去。半夜，余中又食甜粥。

1月16日　雨

晨為洪叔言購 God-Rutal，尋林在明，廣州路及開封街恆新皆不得。赴峨嵋街，知京士夫人十一日已由海輪到台北，吳瑞生送余返寓。下午應狄德甫、洪長興招，德甫夫人姓杜，汝陽人。同席王廣慶之外，有趙振洲，北大同學連余五人，有王□□君攜夫人滁洲人同來。席散，歸臥入睡。林在明來，託伊出購藥，叔言所需者不之得，購得胡立吳所需之 Atophanyl。伯稼來述將為季陶先生發表年譜，又已編政、學、佛三集存安國處。余詢周官釋義，伯稼謂怕人說復古。伯稼讀余詩，以為頗有內容，伊愛東坡及放翁，以其無不達之情，表現得好。方肇岳來抄余生日詩伊所愛者。徐向行來，余引之到中華書局。余到方寓，今日臘月初九是伊生日，留余麵。六時赴袁企止寓飯，以豆腐為佳。飯後討論黨政關係大綱及從政黨員組織管理實施辦法，先研究中央及省縣政治連繫辦法。余主中改應有專管政治之組處，定一日專討論政治問題，庶幾政治問題不至於無人過問而致放失。羅志希則直陳中改不彀分量，應酌推三十人為政治委員。胡健中則說永久有一政治指導機構，似可有一政治會議，現時則無需有此。此外諸改無一贊成有政治會議者。次羅志希云管理二字最好不用，而余則謂在收黨費、辦黨務，立、監兩直屬黨部是下級黨部，如論立法權與監察權，則各國皆列為與黨本部同一位，而宜取協商方式，故提案如與現行政綱無衝突者，不必先取得黨之決定，如範圍較大或提案人須得黨之主持，始請黨團小組研討，與谷正綱一切服從組織、組織決定一切之嚴格辦法顯與不同。十時余回寓，秦啟文、任德曾均飲酒醉吐。

1月17日 晴

起身後啜粥，有酸菜。為昨日未得洪叔言所需藥，今日往託俞時中，與其父母譚話。母柏年先生妹，年五十八，望之若四十餘歲，與俞五為表姊妹，故所生不繁，血同為B型。柏年先生祖業絲，父為舉人，在常熟管沙田，將放常熟縣知縣而卒。母沈今年九十三歲，父過世在光緒三十二年，賴母持家。柏年先生最致力於溽溪中學，栽培諸弟且教育地方後輩，其功最多。嘉眉與寶寶一母，名雅雲，人家之婢，柏年娶為妾後，以有外遇而逐。世和娶於蕪湖，雅片癮深，嘉眉娶於蕪湖，患同性戀愛，故認蕪湖女當慎娶云。歸寧樓，陳桂清來譚，云江蘇同鄉會之爭取籌備員，當日草山議，青年黨擬仿東北選舉辦法以同鄉會為選舉團體，故主全旅台為一會，耳朵尖者得風氣之先，格外認真，今已改制，一場虛空。陳來時，何芝園來招夜飯，云雲光患食道癌，手術與不動手術均難為計，余擬助二百元。文耀亦助一百元，云在政治會議時受知雲光較深云。飯時得顧福田轉來震弟十二月廿一日、炳弟廿六日（三號後）所作書，綜消息如下：

（一）璜涇繳糧踴躍，土地改革，后學詩、顧承祧、楊君直、傅江程、徐鏡清皆受苦，穎姊心緒不寧，糧已完去，聯兄（指余）名下計共棉花三包，穀七百斤。

（二）陸昌喻三和岳丈已有來信，全家安好，弟擬明年元宵旦後一往。

（三）十一月十九日上海寓下麵，來吃者有金秉泉子福元、桶店張小弟之子張福根、后學裘女嘉會。一月三日弟備沙鍋大魚頭及一品鍋、十二樣麵點，李頌夏、顧純一、金采之、程寶鑅、顧震白、崔雁冰、陶樂勤、戴貢三、吳鍊才、邵繼禎、陸雲章、顧蔭亭、王石粼，蔭、粼因病未至。

（四）霞姪女之子顧錫圭患盲腸炎，在沙頭開刀後患腹膜炎，性命甚危。

（五）近日斗南率女、學裘奶奶全家、貢兄、王家小妹均來上海，文炳、柳柳已返滬。

（六）今後寫信寄王家宅路奐甥處。

下午作路平甫書，為朱人德託購西裝上衣。午後宋希尚及陳楚雄、吳保容因開會上樓訪余，宋譚抗日南京淪陷，伊之水利書籍失而復得狀，吳請余證明成都撤退係以金子購買黑市飛機票。五時王豐穀來，同余出，商沈階升五時到台北，余答以二月十日左右。余至中國農民銀行與翁之鏞談監察糾舉金波動案，未於一面使金價上價一面緝私，究竟係何種政策，台灣銀行一面發行一面經商是何種體制。翁君云不有真知，何來灼見。余則云無知之之機關，何從問訊，何從解決，得其要領，此中央須有專管政治及經濟組處之說也。同查石村同至何芝園寓，查君去年十二月廿八日遭父喪，不肯留飯，余閱何氏子女游美照片。姜異生來同飯，飯前後打八圈，輸贏記帳，月底結算，同寓趙君倡此法。十時歸，寒月冷風，頗有冬致。回寓浴，浴後即睡。

輓陸蔭甫（台鐵機務副處長世榮之父，弟維榮自家來台不久，父卒，弟德榮在巴黎大學）

長子勤公苦憶家，三男游學久離家，
二兒避亂自家出，風緊催頹老樹花，
奔喪盡禮今難矣，同舍因而悲憤加。

壽方肇岳

海鳥雙飛，因風暫違，雌來覓食，忍寒耐飢。

隔海遙相望，背人密寄書，良材猶待沽，世亂不寧居。
愛敬綺年少見，思親情致堪驚，
硬命墜機無恙，霞觴祝汝長生。
靜好應令人嘆誇，堪方徐淑與秦嘉，
老樵茹苦尋常事，膝下祥開革命花。

1月18日　晴

晨作致青蓮及奐甥書，託顧福田寄上海王家宅路，今後晝三處當少寄書。致福田書中並問伊岳丈昂人先生在寧安好，吟詩否。十時攜詩請雷孝實、文守仁、翁之鏞閱之，雷謂意思多能表現得出，翁謂真摯，愛淵明與草山兩首。雷君並謂藏之名山，或偕素心人賞鑑，或自怡閱，此時不可刊傳，真益友也。余又到襄陽路台灣攝影社取得舊雨新集來喜餐廳照片，余蓬頭，眼鏡反光有兩白點，頗傳真狀。

回錦姪處飯，飯後臥。孔凡均、虞麗芳，麗芳貸余二百元，須支持十二日，麗芳要求游美或換其他洋文工作。三時至中央黨部商議紀念戴季陶先生，決定於二月十二日兩周忌辰在中央黨部飯廳舉行，由中華日報出特刊。推百年師、伯稼、騮先及余共七人商遺著如何刊行，其所著日本論、青年之路及三民主義與國民革命，今皆不易得。伯稼抄給余致蔣緯國書、覆范天任書及為文昌符樹秀所作紀念文，供余排比為一小文。歸時，介紹方肇衡與酆曼雲。歸寓，同秦啟文攜詩送肇岳。攜酒至陳伯龍家，明日啟文生日，薛小姐等為之暖壽，以花蛤鯉魚湯、氣鍋雞、排骨及塊肥、薺菜炒冬筍及蝦米白菜為佳。同席兩張一楊，一張新娶鎮江人，尚未滿月。酒麵後打麻將八圈，余小勝。坐三輪車回，寒月皎潔，行人已稀，台北米價漲至八十元，經濟問題逐漸嚴重，深懼形勢緊張，秩序難保。今日語張曉峰，謂戴先生最主張黨有政治會議，伊曾表示願為祕書長，負國家重責之黨而無政治聯繫機構，久之必大權旁落，為人竊弄政柄，且政既不通，人便難和，諸改以不操之別一機構為得計者，終必悔之晚也。

1月19日　陰

今日為秦啟文四十三歲生日，六時起，成四言六首：

雞鳴喔喔，雀噪啁哳，今日令辰，精神振刷。
啁哳雀噪，喔喔雞鳴，民能勤公，國將收京。
雀噪啁哳，雞鳴喔喔，同車聯床，樂於把握。
喔喔雞鳴，啁哳雀噪，凡所願為，定能做到。
啁啁哳哳，喔喔喈喈，君無悔尤，如此甚佳。
如此甚佳，君無悔尤，光復不遠，與君歸妻。

寫詩時錢中岳來，同盛松如、秦啟文同往三六九麵及湯包，遇董顯光及祝再揚。歸寓，鄭克宣、王子弦、劉象三來譚，子弦託向趙志堯進言。十一時赴王家，同錢、廖、王諸夫人打麻將，錢大勝。夜深睡探斗床，探斗澈夜賭不歸。半夜曾吃泡粥，錢夫人治蝦米燜筍、廖夫人治腐乳皆好吃，王夫人傷風早睡。

1月20日　晴，夜又雨

晨自建國北路、南京東路走回，過向秀寓，門尚未啓，留一名片。歸寓啜粥，粥後至交通銀行賀趙志堯為總經理，俞鴻鈞兼董事長，俞尚未到，與志堯譚王子弦為法律顧問事。出，購饅頭、蛋糕賀黃仲翔，中和鄉廟美村二十號，云須先找到十八號則易尋覓。孫震亦在送行，余略坐即到子弦處告知消息。在南昌街購書未得，坐三輪車回延平北路晤沈崇宛，同伊到錦姪寓，知菜為紅燒肉及韭黃肉絲。崇宛約往老半齋飯，今日停火，乃至四川味點螞蟻上樹，頗不佳，惟泡王瓜熟者味美。飯後同沈返寓，秀、岳來邀明日午膳，云是向采生日。陳敏來電話，約往王家打牌，往打三將，吃大魚頭，紅燒清蒸各半，嬉圃所購。飯後余倦不能再打牌，同陳敏乘車返。天雨，浴後即睡。

沈之萬同戴志鈞訪余，未晤，留言在便條。孫德中來信商議北大同學會第一次常務理監事會宜於何日開會，余覆陰歷年前常會，新年全體理監事會。

1月21日　晴，午時飄雪，夜晴

晨食粥，配以泡童子王瓜及豆。洪亦淵介紹崑山縣府同事張逸羣、奚泰同來訪，張蘇州人，方辦羣力出版社，教余寫招牌及社戳。九時同劉、王、任三同舍赴十普寺弔陸味初父蔭甫之喪，各機務段台灣同事送幛，上款書追悼二事，下款書陽愚姪。出，至信義路三段二十五號德甫醫院答訪狄德甫，晤伊妻及四孩。德甫隨部子舉往東北，曾辦齊世英所經營而讓出之黨營事業，曰盤山稻作農場引遼河水灌溉，排水則入海原，係日人經營，用電力甚多，德甫為場長，東北已危，猶得電力及天雨，收穀一熟後仍被俘，得脫來台。以二十兩頂此房開業成醫院，以血壓高聘一助理醫師高玉鏡，新近又加一產科醫師尤素真，營業尚可。余晤高君及閻寶和，在彼講德國醫學之發達狀態，深可惜戰爭及戰後德奧醫學衰落。出，德甫送余過大安橋，遇汪公紀、周賢頌，車送余往李向采寓。今日向采生日，伊從軍在瑞昌，第一日離紮營之處，第二日是處炸平，日機追蹤來炸，伊被炸坑泥埋身，醒則無傷，亦可稱幸。余與方肇衡及仲豪之子走新生北路及舒蘭街田地，走中山北路二巷過殯儀館而回。飯時有武昌市議長楊君、總統府太倉陸科長、徐君及仲豪夫婦，菜以藕肉炸片、雪梨山楂糕絲為佳，飯後余略睡。回寓，金生麗率潮州女、廈門女各一來小坐。同任惠曾往師範學校參加崑曲同場，聽徐穗蘭認子及藏舟為悉，最後陶光唱刺虎，嗓音佳而不及張善薌之合拍，亦無女子態。食小籠包子及春捲，主人朱佩華、周家肇招待甚周。趙友琴出張民權七十徵壽文節略，屬余為之撰啟。散會後，余同任君至顧儉德家食飯及泡飯，有鹹肉及水閣口腐乳。食畢，談洪叔言血壓尤高，教會中人又來祈禱，至於哭泣，加以刺激，甚難為計。坐三輪車回，得寬座，清月無風，極感舒適。得立法委員黨部通知，推余及魯蕩平為俱樂部詩社組籌備員。

1月22日 雨

昨日大寒節，固然寒甚，今日仍寒，皮袍可以上身。李君佩云陽曆一月二十一日歲為大寒，遇閏始差一日。入中央黨部，閱吳琦答辯，聽沈昌煥工作報告，謂日報人家出六百萬份，周刊生活雜詩出千萬份，讀者文摘出一千五百萬份，各國文字均有，印成即派機空投日本，朝日新聞每兩點鐘出版一次，比我國二十四點鐘出版一次，我國如三輪車，人家噴射式飛機，宜其瞠乎後也，但有精神奮鬥事實，宣傳利用人家之物質利器作我之喉舌，此其所以難也。今世界各國記者皆將來台，政府發言人辦公室恐不彀應付云。余乘周亞陶車返寓，發現昨夜鼠入五斗櫥囓余香皂，及咬去王豐穀贈之毛線衫上之鈕扣四，咬壞陸孟益為在香港購得、劉文川為加針之棕色毛線衫袖子，又咬陸京士為在香港做成之夾衫領子，余極恨之。第一次鼠咬壞余之被面，第二次咬還掛衣，此番則為五斗櫥之第二屜不吻合，鼠得鑽進。余乃請盛德曾修抽屜，方肇岳修衣服，余自己攜陽江一小箱貯衣。中午在錦姪處飯，過榮元，知奉賢瞎子學生陸慎先已遭共黨槍斃。昨日聞松江封企曾同志（啟文云此人輕率致禍，坐三輪車過快，跌落牙齒，錢中岳云幼育于其家，任蘇浙特別站長）十二月十七日江灣成仁，此時大陸正殺人如麻也。王豐穀來坐，余倦欲眠，豐穀走後余眠甚適。飯後在錦寓閱沈鎮南槍斃始末。接台中自由路四維巷四號轉來陳立夫、孫祿卿賀寒假節片。閱總裁三十九年度工作檢討與四十年度努力方面。閱自由青年王澄濱留美旅程，釋太平洋上之對經日 Antipode Day，地球經線以英國格林威治天文台為中線，從西經廿度至東經一百六十度為東半球，其相對之面為西半球。地球自轉自西往東，每二十小時而旋轉一周，因此東半球為白晝之時，西半球即為黑夜。船向東行，每日以航行速度撥快十五分、廿分、半小時不定，當船抵達東經 180 度之時，即所謂對經日，剛好與格林威治相距一百八十度，必須重加一日方能合曆，即在東經 180 度以東之第一天與以西之末一天，在數字上相同。

夜飯後洗浴，閱李漁叔詩。陳果夫自臺中遷來台北。

1月23日　雨

晨以腐乳下稀飯，頗美。閱李漁叔詩，覺寒冷，乃搭任悳曾車往建國北路二十巷十五號錢家。錢、王兩太太出購菜未回，余同石年丈譚，文字自內發者始有佳製，其自外涉獵者，易發生笑話。坐移時，至立法院參觀郎靜山杜詩影展，有總裁半身像，照得極好，照出正在思考樣式，總裁說照像了。又有蘆月單雁圖，頗為淒涼，余頗愛之，影展尚未陳列。余遇汪抱玄、于錫來。出，往榮元晤洪亦淵，商江南茶會聯誼。回錦姪處飯，蝦仁炒蛋極鮮，下午臥甚適。飯前訪蔣公亮，伊云反攻大陸前須先武裝日本，日本憲法第九條不設軍備，如何轉身、如何與以參戰之實利，頗費斟酌。

今日美國出席聯大代表葛羅斯二十二日正告非共黨國家，討論台灣問題的任何國際會議，如無國民政府代表參加，美決不出席。美國態度可算是決定了，但我反攻大陸還是先攻一部分以為根據，只要做像當年內戰的樣子，已可待期勝利，決不可欲速。其言頗有見地。公亮牆上貼自製蘇幕遮一詞，詠克里米亞米島上有一別墅之噴水池畔鑄有銅像，為三百年前一韃靼王子所自塑，於兩眼中通一噴泉，每分鐘流淚一次，蓋以悼其亡妃，長流不止，迄今猶然。

素心人去心隨碎，悲智塑成後死身，
兩淚長流三百載，癡情託假以存真。

四時俞時中來商台大醫院招往及主辦假肢腿工場事，余惟恐其有挫失。得王雅書，何芝園黨證號數派人送來，余恐其送往中央黨部，而今日為黨員歸隊之最後一日，乃往中央黨部尋覓來件，不得。閱小方壺齋輿地叢刊，陽湖惲敬東路記宿栫樹亭，云栫即桓，華似柳，子似楝。桓音延華，華近和，桓聲如和，桓表為之和表，和表即是華表，和又近何，俗遂作栫。又閱秀水王相鄉程日記，載湯賓尹哭友句，云「三年地下君安否，人世風波不可言」。又日記中有「尖辛促狹」四字，不知何所本。又載嘉興金陀支祠無名氏詩云：「臣飛死，臣俊喜，臣浚無言世忠靡，臣檜夜報四太子，臣構稱臣自此始。」六時候汽車，擬赴韓國大使李範奭圓山飯店雞尾酒會，汽車候余寧園，未值，乃至袁企止家久候，得飯，審查黨政關係案之十五人無一不到，菜以螞蟻上樹為佳。余議至十時，雇三輪車返，周亞陶候余袁氏門前，余不知也。返寓浴，浴後睡。本日衣皮衣，

俞時中送來 Ascorbic Acid Squibb，余與日本藥局方ビタミンC錠同服之，門齒炎痛，余早睡。

1月24日　雨

晨起身，周亞陶駕車來接。入黨部紀律委員會辦公室，閱黃鉞佐、朱石君浙江校士記，畫家筆墨灑脫可喜，有艜字，云是寧波王瓜船也。又有瀺灂二字，形容游魚潑剌，瀺灂亦作灂瀺，為魚沉浮貌。十時紀律委員會，到居、馬、謝三人，連李先生與余凡五，何敬之赴日本。散會後送居先生歸，余遇鄧亞魂於李寓。訪叔言夫婦，藥無法購得，還二百元。朱人德西裝上衣路平甫允購，交路信。飯時錦姪煎春捲，飯後臥。臥起，馬舒良（肖）來訪，五日前自港來。三時入中央黨部討論黨政關係，余主司法院無須設政治小組，因憲法八十條法官超黨派。又昨主取消自上而上、自下而上各字句，以免刺激。羅志希主中央派一人出席黨政聯繫小組，余否之，志希收回，眾均然余說。余主考試院為院長制，無需有政治小組，眾主仍有之。六時返錦姪處飯，飯後乘車返寧寓，知劉象三曾於下午來訪。連日鼠仍嚙肥皂，抽屜關得甚嚴，不知如何進去。

1月25日　雨

晨九時前周亞陶駕車來候，中改會擴大工作會報實在十時。余閱同治十年黃岡洪良品北征日記，所歷各處詳水地沿革，並無新意。余在財委會坐移時，知十時之會總裁不到會，乃歸。坐道藩車至中山堂參觀郎靜山影展，佳製不少，蘆雁一幀無定購者，一傷於太藝術化，二傷於文弱無煥發有力之作品，此靜山所展之短也。歸寓，續閱北征日記，定州即盧城故址，有水色黑，淵而不流，俗謂黑曰盧，不流曰奴，因悟跨桑乾河之盧溝橋亦因其黑也。燕都遊覽志云，桑乾下流為渾河，渾河下流為盧溝河，以其濁故呼渾河，以其黑故呼盧溝。余讀書北京大學，日曾游盧溝橋，成五言古詩一首，寄先大人批改，大人極欣。去年滄、溟、渤三兒曾會於盧溝橋畔，不知能曉盧字之意義否。十二時赴李家祜、朱思沅招膳老正興館，晤陳廣煜、周太太、張慶楨、饒子桓夫婦、溫鳳韶等，菜以三絲炒蝦仁及雪元寶為佳。飯後赴為俊家，王夫人讓余打牌。至飯時，余擬隨石年丈往錢家飯，而王、錢兩夫人則留余在王家飯，余因吃飯發生問題，忽不樂，出門走中正東路返，至銅象臺而氣平。回寓，在請客桌上食飯一盂，臥前又啜粥兩碗。枕上閱山陰俞蛟游蹤選勝，睡尚安。陸京士同夫人李秀娟來訪，贈香皂、手絹、襪及古古糖。

1月26日　陰，亦有微雨

晨走廈門街，告何芝園以伊之黨證號數，毛同文赴桃園。余與欽翎言笑，欽翎將赴士林正聲廣播社作廣播小姐，余介紹伊去尋劉大悲。十時到廣州街送林在明可任暢流幹事消息。鄭明病扁桃線寒熱，請假三日臥，鄭皓昨歸寧，已懷孕亦臥，兩人皆病態。鄭家煮菜飯留，余不肯。歸錦姪處，戴恩沚在，出示貢三改號慎齋信，一月三日所書，在滬住唐文波處，則知伊及佩明、潤田、麟臣，田廬家具皆蕩然矣，擬留滬為久居計。恩沚擬請來台居住。飯然歸臥，胡惕若、劉象山、金仞千及其子金科來訪。晨邱紹先送來陸常浩在香港以醬油青田兩段為刻名號印二方  ，余再請其刻較小者。五時攜食物給鄭明，茶葉給其母。夜飯時朱歐生攜酒來飲，並食菜飯。飯後攜殘酒回，在西寧南路遇錢中岳，邀往麗興吃蓮子羹，台灣影戲園觀孤星淚，紀以一絕：

搶麵包時弟妹餓，受蠟臺後懺悔深，
我識囂俄對舉意，更悲境界已回心。

得陸孟益書，下月一日伊自龐松舟家遷往五常街主計處宿舍，謂如匯兌不通，畫三處有細款可劃。

1月27日　雨

晨食粥後，沈元雙以電話來約晤。九時來，飲以酒一盃，云其父上海知縣沈寶昌善飲，曾醉臥於途，其母往喚未起，其祖母往喚即起。元雙民九生，自幼學戲，自青衣改花衫唱，因嗓不甚高，學程豔秋，現以票花衫戲為擅長，有人煩清唱，始唱一、二段青衫。今日此來為二月二日票戲，求余助其開銷一百元，余允之。又送沈去後，以白蘭地飲劉、王、盛、秦，即攜酒與腐乳到向秀寓飯，以大鍋菜為佳，飯後吸香煙半枝，香蕉兩枚。二時入殯儀館，張羣岳母馬太君彭年八十八，前日卒，今日下午四時耶穌教式大殮。晤劉壽朋、周君亮、王飛、王唯石、胡家鳳、盧鑄、黃少谷、浦薛鳳，皆國防最高委員會舊人。四時行禮，由楊□□及另一牧師唱詩三次，講經讀經，由楊牧師證明得道，俞鴻鈞代表家屬致謝。送花圈者雖經辭謝，仍有十來個。散禮拜後余歸寧園，俞勗成前日來台，今日來訪，急於求事。余得金秉泉自香港來書，云余之璜涇房屋全部沒收改為倉庫，屋內家具及其他物件，一部分為共黨拿去，一部分為沈禹昌占用。最近到處捉人殺人，錢寅階八十餘歲被處死刑，璜涇人被扣押者顧銘新、戴家駒父子、馮壯公父子、許敦元、趙賢、瞿大成等，出走者戴貢三、唐竟任、唐忍安、金賓洛、后學裘與秉全同時逃滬，無身份證不能來滬。沙溪朱樹人、楊德修、張起龍、陸惠林、凌雲士等十餘人，鹿河為曹潤棠（夢熊）、傅江程、姚壽恆等九人，太倉等處情形相同。以前國民政府有工作者，參議員、議員，下至保甲長都有扣押可能。

1月28日　雨

六時半起，覓人開門，即趨後車站，遇秀武與岳、衡，得乘七時〇五分汽油車，行車管理人之外，持客票者僅余等四人，各據一座，蹺腳於對墊上，雖岳、衡亦然，極為閒適。將到新北投，望大屯上濕雲籠罩，一角露紅光，衡驚呼放晴，車窗外濕雲開處，白雲微現青底。行林蔭道，過傷兵醫院之後樹頂數處皆為青穹，寒日帶濕圈懸於樹梢，大屯腰際金碧燦爛，秀等皆以為真晴，惜向采畏雨淋未與，余曰今日仍是天雨。入招待所，而濛濛淅瀝，無法可止。岳先浴，秀繼之，衡費時極多，曰一浴解一月垢，余再後，水熱，出浴兩腿如熟藕。邵介堃昨夜上山，與余遇見，後同馮君下山。老蔡為備稀飯，菜四碟均佳，惟粥嫌水少。秀打傘，躑躅兩庭，數杜鵑已吐紅者幾朵。十一時下山，乘公共汽車至一心堂而下，余購蛋糕二匣。回秀寓飯，試為韭黃蛋皮，甚美，炒橄欖菜生脆，錦姪所不能也。飯後即行歸寓，而南才所派候余車差一分鐘竟已離去，余乃小睡。睡起，秦啟文以車送余和平東路一段183巷三衖四號，今日南才生日，余贈蛋糕。諸人嘲余二十五日不樂飯走回，嬉圃尤為細針密線，紮人至不痛不癢，此人真聰明哉。牌二桌，吃錦江菜，十四人一桌，劉文島為姑丈，亦來參加，飯後伊吃一西瓜之四分之一。打牌至十二時散，送王三姑歸伊寓，在183巷之上車，行至羅斯福始折返，比余返寓已將一點，任惪曾君開門，余洗身後即睡。

1月29日 雨

起身已八句鐘，搭局中車至中央黨部，以生日詩請夏敷章讀之，伊謂比重慶時進步，曩時生澀，今則表現得不費力，深入淺出。紀念周，崔書琴釋總理遺教：（一）訓政時期以一省來說；（二）行憲法為憲政完成，不是開始；（三）民權粗步為民政要點，我人注意不深；（四）容共時一派言論，遺集出版時未為詮釋，易起誤解等，費一小時，尚搔到癢處。出，搭姚容軒車，李自強陪余到環球攝登記相片。到立法院，為倪炯聲說議場祕書長可說天公地道的話，又向閔劍梅說廖書勤事。唐文和語我朱佩蘭今日生日，請伊來一茶一酒。回錦姪處飯，飯後回寧樓臥。余閱小方壺齋輿地叢鈔，覺可游而未游之地甚多，摘錄數處如下：

一、浯溪：在祁陽，距縣五里，為湘路所必經，其處峭壁數十丈，作蒼黛色，闖然峙水際，遙望色飛。上崖有鏡石嵌巖厂間，以水拭之則洞然，照見面目衣冠，而寒江穹岸、隔水村落、林木皆在鏡中。循巖而西入子亭，斷崖如雙闕，飛橋跨其嶺。過橋有窊尊亭、古右堂、顏元祠，祠後有怪石障天，其平處有元次山峿臺銘，亭曰庴亭，溪曰浯溪，臺曰峿臺，三者皆為吾有，以故祁陽之驛曰三吾驛。顏元祠者，元次山所作中興頌，顏魯公書之（為魯公絕筆），為此處磨崖高與石竟，字大如熨斗，其字右行乍讀不省，此地元所宅而有顏之書，故後人合祠之（康熙五十年十一月，華亭黃之雋浯溪記）。

二、馬嵬：楊妃墓，畢秋帆修墓旁樹屋三楹，楹貼一聯，集唐句云「鶯花尚戀霓裳影，環珮空歸月下魂」（崑山孫兆溎風土雜錄）。

三、崑山正心壇：崑山東南門外下塘池西二百有步有正心壇，境極幽寂。山門東南向面對巨潭，方二畝許，水清澈可鑑，大旱不涸，有泉脈焉。殿塑王靈官、韋天君像，庭中巨桂兩株，花時香聞數里，石矮几上有各色盆景。其西有觀音殿一座，頗塏爽，楹貼扁額為先文林手澤（孫兆溎云）。觀音殿之南首別一院落，由迴廊迆邐繞入，有曲房精舍八、九間，奉呂祖等小像，一房一像之外，皆藥鑪、經卷、茶彝、古鼎之屬，位置色色得宜。庭中湖石堆成山子，牡丹、耐冬等花四時不斷。尤貴重者，另一石壇植黃楊六株，最大者高五尺，樹本圓徑六、七寸，其餘依次遞小。枝幹天生，或九臺、七臺、四、五臺不等，大者居中，餘者參差排列，父老名其狀為帶子入朝。蘭花培養得法，年年盛開。齋堂之東南有廳事三間，乃正心壇舊址，康熙間廓充添建，其舊廳前團槐兩株如繖蓋，亦百年以外物也（孫兆溎風土雜錄）。

四、來鶴庵與無隱禪院：蘇州西山水踏橋之來鶴庵有雙桂，僧竹逸主持時，沈三白會吳雲客、毛意香、王星爛於此，游雲和亭，尋八、九佳處，至華山而止。無隱庵四面皆山，其地甚僻，吳雲客謂有僧不能久居，自彭尺木重修後，未嘗往。是次引沈三白自高義園由上沙村過雞籠山，再前有流泉阻路，退返數步，南有小徑度嶺，南行里許，漸覺竹樹叢雜，四山環繞，中為無隱禪寺正殿。後山有飛雲閣，四山抱列如城，缺西南一角，遙見一水浸天，風帆隱隱，即太湖也。樓西殿後峭壁之上有殿基，平坦如臺，週望環山，較閣更暢，殘磚缺礎尚存，此為崇寧寺下院（沈三白浪游記快）。

三、四兩節記畢，曾往尋崑山洪亦淵君，洪云崑山正心壇有二，一曰南壇，當係孫兆溎所記，一曰北壇，在下塘街清真館之後面，曾於打火醮時往游，無甚名勝。又詢來鶴、無隱於張伯雍，伊云現日並存無隱庵，勝利後興工，初往游有二色魚，次往賸一尾，再往則無有。寺為靈巖山所遮，

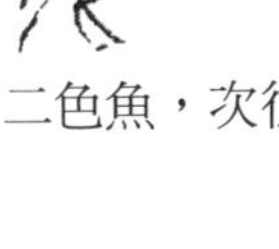

已望不見太湖，三白所記為在秦台山上，現非其故處。是處強人出沒，即當家和尚亦不敢儲滿一石米糧也。

五、吼山：離紹興城十餘里，不通陸路。近山見一石洞，上有片石橫裂欲墮，即從其下盪舟入，豁然空其中，四面皆峭壁，俗名之曰水園。臨流建石閣五椽，對面石壁有觀魚躍三字（沈三白浪游記快）。

六、績溪：績溪處萬山中，近城有石鏡山，由山灣中曲折行一里許，懸崖激湍，濕翠欲滴。漸高，至山腰有一方石亭，四面皆陡壁，亭左石削如屏，青色光潤，可鑑人影，俗傳黃巢至此照為猿猴，縱火燒之，故不復現。離城十里有火雲洞天，石紋盤結，凹凸巉巖，如黃鶴山樵筆意而雜亂無章，洞石皆深絳色，旁有一庵，甚幽靜。去城三十里有地名仁里，有花果會，每十二年一舉（沈三白浪游記快）。

七、寶帶橋：蘇州太湖濱運河之處有長橋一，唐時重修，刺史王仲舒鬻所束寶帶助工，因名寶帶（滿州麟慶鴻雪因緣圖記）。

八、瀟湘：自湘潭之衡之永至全州，溯西南逆江水而行，永州而下為湘水，以上為瀟水。其水曲折，與岸往復，舟中環顧，疑若四面俱斷，既繞而出，直不咫尺，旋又曲去。迴視後舟之帆，若從岸上來者，帆之風乍順乍逆，窗之日乍左乍右，東西南北，步步易向，故行瀟湘間日最久。江水澄澈，經冬縮潦，清激彌甚，石子磊落於江底，色色呈露，酈注（酈道元曰瀁者，清深也）柳記不誣也（華亭黃之雋泛瀟湘記）。

九、天台赤城：天台山有國清寺（為天台大觀，寒山、拾得二山隱於爨下）、華頂寺、瓊臺寺、桐柏觀諸名勝。春深時在層巒疊嶂中行，濃翠欲滴，忽抵赤城山下，遙望天半，耳目一新，蓋萬山皆雄青雌碧，獨此壁立千仞，土色純赤，赬面橫埽，中有兩三層間以淡綠，恍若霞氣。孫興公賦目之為城，又云霞氣建標，真能盡難寫難狀之景。山上有朝陽洞、玉京井、洗腸亭、挹翠○諸勝。

國清寺臨溪跨壑，金碧飛湧，東行逾數嶺，山轉林深，境益幽僻，有兩崖相距不接者數尺，是為雙闕，俗名斷橋。沿山右行，過雙溪矼乃抵石梁下，觀雙溪水合流直注，如練如虹，橫飛噴灑，如雨如霰，又若萬斛雪從空擲下，銀晶奪目，比至潭底，以其餘怒，齩山噬石，輒復逆上，有聲如雷，真奇觀也。

十、泰山：登山至壺天閣小憩，躋南天門入碧霞宮，登泰山絕頂，觀無字碑，五鼓至養雲亭觀浴日。觀雲海在無字碑側，西望丈人峰，觀白雲鋪收，收雲在黃雲洞口，可取道迴車，巖下天門度摩雲嶺、亂石溝可至筍城，最深處始為黃雲洞，石瓣倒綴，乳泉積水，洞中高可拂冠，廣容一几。

夜飯再到錦姪處，耀外出吃戲酒，錦念六弟抗行思想入歧路，或至為匪從軍，悔不攔之來台。飯後同錢、陸、盛三君飲茶食糖。浴後臥，樓外豪雨奔赴，枕上成詩一首：

深潭懸瀑連天吼，破敵千軍生死呼，
爾許詩材來枕上，長吟吟不出豪麤。

1月30日　晨至午放陽光，硬似晴矣，二時後又雨

晨啜粥一碗，自焦立雲入醫院開刀，粥時不備熟菜，亦一欠缺。談龍濱、劉文川來覓房，為請鄰長太太為之設法，龍濱升薦任，文川三月將產，在總統府中人緣甚佳。余閱輿地叢鈔。午時回錦姪處飯，今日止備兩菜，油豆腐頗美，線粉嫌長。飯後至陸京士家，遇常熟蔣韶九之姪女，陸夫人給余糖及陳皮梅，及印度線香作香水香者一支。余右手持傘，左手持香，走四條通底水溝旁以上新生路，泥路滑失，以傘作支撐，再以左手攀草根，既登新生路，而香已失，想必第一次攀草根時失去也。走至錢家，同王、廖、錢三夫人打牌，余與廖大敗，付一百元，僅償三分之一。十時歸寓，知孔達生、劉象三以二時許來尋余，象三為代作張明權母壽七十徵文啟。

1月31日　晨及午後晴，四時後風作又雨

晨往新生南路一段五十二巷三號訪趙友琴，交張明權母壽徵詩稿，在伊處見所刻君子館日記等四冊，為江寧□□□所校刊之毛□□先生遺稿。民國廿一年余入西京，曾往通志局拜□□先生，今先生亦歿矣。在趙宅吃烤麵包、臺南橘，乃至衡陽街環球攝影社取二寸相片十四張，比上次不帶眼鏡者精神較好。回寧園，作寄青蓮書，一月又忽忽盡矣，不知家人，苦念何若。寄尤寅照轉去。回錦姪處飯，有鹹菜極鮮，飯後臥。臥起，基隆狄君毅來託青島學生薛城福投考建國各中一年級事。狄去劉象山來，余勸伊往任高雄縣黨部主任委員，為介

紹伍勁甫助伊，使人地得以相宜。又為作書黃少谷、何子星，為伊謀行政院設計委員。劉去，接孟尚錦書，諸款連路平甫所帶去之美鈔五十元亦已寄南京，孟夫人已自川遷申，尚錦十餘年未返，陰曆歲尾年頭赴滬。一月人民幣牌價現又改為每一港幣結匯3880元，美鈔一元值港幣五元九角。附來一月十六日綴及晝三書，彙其消息如下：

（一）錢寅階八十一歲槍斃，陳士勤八十四歲囚死，馮飛捆押張不慧，澆水、澆河泥，全身打傷，皮破肉出，押太城，幸未澆糞。

（二）綴體自北京之九十斤進為九十四斤，非但不死，且可力作十年。

（三）阿五在寧甚好，謂伊母時常看不起伊窮，但倒也可以過去，她取了許多有什麼用。

（四）張弓病倒要救濟。

（五）楊林分田，大房分得十一畝，三房無之。（以上綴信）

（五）吳世芳完全雄性，與嫂完全一樣，幸公望不要，否則笑話。

（六）斗南窮且餓死，送他十萬，楊蓮齡五萬，帥潤身三萬，兄濟人款還有150萬。

（七）楊林顧太君年底當送厚禮不誤。

（八）葉雲書自貴陽來，領其糟糠之妻，包祖基藥房甚為得法，任鼎乾任外帳臺，楊公豪看貨倉，同鄉失業者收羅乾淨。

（九）任炳元從軍，行至成都老病吐血復發，現不知去向。

（十）陸小宛在昆明。

（十一）學裘全家在滬，尚潔夫婦亦在上海。

（十二）此間抗美援朝，小兒女十七、八歲前往投效赴朝者幾萬人。

夜飯時吃豬油年糕，錦帆得消息甚欣。歸途經出售九尾冠白頭畫眉之店舖，畫眉會叫者每頭百元。

中央日報出號外，成功湖三十日晚聯合國政治委員會四十四票對七票，另七票棄權，通過譴責中共為在韓國的侵略者。

有金壇人段景祿為段世賢之叔，開西寧南路七十八號新亞食堂，來傳單招呼余往。

2月1日　晴

起身後章鶴年來白事。余乘陸味初車至中山堂畫廊，立法院報到余為第五號，余本不願報得太早、坐得太前，乃因十時中改開會，只得從早。余於路上吃燒餅，入三六九吃湯糰後，即入中央黨部會議室，諸人悉先總裁入座，無敢遲者。討論黨政關係大綱，袁守謙報告後，陳辭修說不出所以然，但云說明文字未妥。余說三事：

甲、（一）改造委員會既為政治決策之最高機關，則宜擇一日開會專議政治。

（二）祕書處宜有專管搜集政治材料之機構。

乙、司法院不必涉政治小組。

丙、說明中自上而下、自下而上之詞句皆宜減去，但求意見一致，取協商方法則可，若常以「組織決定一切」為懷，總有債事之一日。

此案後交委員小組修正再提會請評議員與商。司法院不設政治小組，總裁亦作如是主張，且云省縣級司法人員更無必要使參加黨的政治小組。今日第六項之說明僅言小組，對不設有默契，而仍加許多可設理由，違背說明慣例，甚可異也。十一時半休息十分鐘，重開會，總裁訓話，先介紹某黨員對中改之批評，如但知坐而論道，朝氣未喚起，浪費亦不免等。總裁云中國人心理，從前對不對不管，現在好不好批評，尤其其人不參加，總有說話，批評尤多。次云我們做事應研究第一的，第一是什麼？（一）幹部的工作：（1）研究政策；（2）決議方針；（3）討論謀略；（4）指示路線；（5）檢討時局；（6）建立方案。（二）幹部的業務：每月討論業務成績、聯繫機構、調整組織、分配工作。（三）為黨搜羅人才：人才須待掘出，每月一人找九人，九人中保薦一人，三教九流都要注意，在交際應酬場中博采周訪，尋求忠信，分別善惡，使人才皆為我用，則黨之一切制度章程皆有人執行，然後方有生氣。用人必當消除派系，開誠布公，須知糟塌人才為本黨對不起人之大者，余從前因軍事煩忙無暇事此，現在當從頭做起。近有趙宗預同志共產黨注意工作技巧有倡意作法，我國民黨以用方法為可羞，科學時代方法第一，沒有方法一定失敗。黑格爾辯證法共匪應用甚廣，黑氏法本是惟心，而共黨應用於惟物。凡我同志必須明瞭辯證法，方可以矛攻盾，破除邪說。十二時三十分到台北賓館會食，徐柏園亦來，菜味尚佳。搭李樸生車返寓，略臥。得廖夫人電話，到王家打麻將四圈，得見新自法國回台之南才之子。七時到杭州南路七十一巷十二號賀其燊家飯，會賓樓菜甚佳，酒亦佳，王新衡先走，陳博生未來，餘人除李壽雍外皆立法院同事，談衛琛甫及神經小組事以為笑資。林在明、鄭明到寓訪余，留浴。

2月2日　雨

晨在寓候孔達生、劉象三至，兩人以十一時始來，同至西寧南路新亞酒飯，段君招呼甚至。飯後石年丈同藕兮來寓，余偕藕兮到士林園藝試驗所購蘭一盆送王孝英，孝英日內往香港接李大超來台。回王家打牌五圈，留飯，吃蟹飯頗鮮。八時至中山堂觀沈元雙得意緣及其所領導之四五花洞，配搭尚好。觀至十一點半，始自中山堂與錢中岳回寓，達生約往夜場，未往。

2月3日 晴

晨顏叔養請吃肉粽，與秦啟文同往，真是美味。草山陽明革命實踐學院畢業，有通知來召參加紀念周，以無車不能往。余在野味香購三方贈王為俊、錢探斗、陳伯龍夫人，陳家一塊最肥，疑伯龍愛肥肉。中午陸味初加菜，邵介堃治凍肉，吃得甚美。二時至陸東家，明日伊長子直之婚，送一紙。同孫德中同往植物園國語日報舉行北大同學會常務理監事會，到蘇紹文、何容、傅啟學、徐芳，議分配職務及二月十七號開會。會後諸人同往拜林渭訪，參觀植物園及苗圃，分給新鮮肉桂頗香鮮。回徐芳家，晤培根，伊言此次戰爭將三十年，自戰爭可至於大同，大同雛形在美國已可看到各義。余拉徐芳及其女至俞時中家，先飲冰威士忌，次盡白蘭地一瓶，寶寶夫婦及張蘭嬙嬙均來。余飲酒至醉，回寓哭泣叫喊並跌傷鼻皮，極苦。任悳曾送橘來，余一些也不知。

2月4日 晴

晨便稀，大吐三次，至為疲軟。徐香行來送糖，見余無人招呼，勸余節飲減食，可感也。郁元英嫁女，本約余往，余起不來，乃託錢中岳往謝。中午邱紹先來，陪余返寓，寓中文耀請客成惕軒、文守仁、許師慎等，余見之極喜。飯後拉惕軒來閱詩，伊讀熟數首始去。余往陸軍俱樂部賀陸東子婚，雖係茶點，實亦不省。禮畢，余拉齊鐵生往聽崑曲同期，唱盤夫、出獵等曲，李伯英招待餛飩，甚別致省事。歸寧園，寄答正月來賀年者三十五分。夜往鄭味經家年飯，各菜均嫌口大，余未敢多食。返，到榮元，以為今日洪亦淵請沈霞飛，豈知是在昨日。夏伯祥同往天馬吃麥糊，布丁糊少丁冰，吃得不舒服。回寓不浴，早睡。得沈崇宛信，知患角膜炎，甚苦。

2月5日　晴　陰曆十二月二十九日　二弟子畏生辰

晨大便三次未解，極悶。十二時購紅燭二枝燃於錦姪房中，祝告天地、祖宗、二弟暨族宗安吉，錦姪製胡葱麵，余不耐食胡葱且不耐鹹，胃於醉酒後弱也。食半碗飯後即到中華書局，奉刁泰亨送來中央研究院津貼蔡師母之港紙五百元於姚志崇，託志崇轉去。晤沈伯顏，新自上海來，謂在晝三寓見余瘦照片。到一心堂購蛋糕後即回寓，無可作事，閱凌鴻勛中國鐵路概論。六時劉孟衢來候余，往大正町同其母舅□□□食飯，湖南臘肉甚佳，炒白菜亦佳。伊二子大者會話，小者能立，甫六月。飯後至向秀家，方食湯餃酥油，菜甚佳，余每碟夾一些菜，吃二餃，不飲酒且亦不能久居，秀武意不滿足。出，在大正町見谷正倫、正綱、正鼎攜子姪一人逛市街散步，余說市容尚好而別。念余家兄弟四散危險，前路難測，又念二弟未得中學教育，十三歲至安鎮同順典當為學徒，在典學會絲弦樂器，身體未能舒展發育，父親過世之後始補讀經籍，略能吟詠，而又傷於酒，子女成群，並無足量收入，雖余及諸弟甥及二婿各人相助，食貧茹苦總不能免。聞在門前設攤售物，尚能節飲忍氣，此時目睹捕殺纍纍，不知心緒何若。見谷氏兄弟之後懷想如結。

2月6日 晴 陰曆正月初一日

晨與秦啟文、盛松如互道恭喜，白頭翁亦來連叫數聲。陸味初、維榮兄弟請吃古古糖所做糰子，秦君請吃瘦肉粽子，粽子不如叔養家遠甚，糰子以古古為餡，亦是新法，諸人謂先團圓後種子，口采甚佳。天微雨，余坐車至徐香英、梅沈崇宛、洪叔言、顧儉德、狄德甫家，每家蛋糕一、橘子十餘隻，有小孩者皆喜，惟鈕長耀夫婦不在家。歸寓，十一時三刻赴黃筱堂家飯，有南京暴醃雞，肥嫩鮮潔，真是好吃，適若配以水封醃菜、燻白魚、火腿、瓢兒菜、鴨肫、黃芽白及上好紹興酒，真彀享受。陸孟益以一時許來，伊上海尚存四兩半黃金可運用。回寓睡，睡至二時。同李炳瑗、秦啟文到錢家，加一廖南才夫婦打麻將二十圈，余勝。張藕兮客來後尚出拜年，關照燒十碗米飯，下女燒了四碗米飯，第一席開飯吃個精光，第二席重燒飯，距離甚久。先母曾云家中留客，主婦不可外出，客如較多，須請人來幫忙提醒，以免食事不周，招呼不及。而先母未出閣前所撫養大母舅之女掌表姊最為得力，觀於錢家今日，益知訓諭之可珍。十一時返，閱孔顨軒駢儷文，甚久始合眼。台灣今日地震，天似寒而不可衣駝絨，亦不可蓋厚被，極嬌怪。

2月7日　晴

曝被竟日，甚暢，晚得軟美。吳熙祖、夏華來譚，華得第七組工作，而熙祖將赴高雄縣為改造委員。傳吳人初同志被殺，又傳我同志在少城公園議赴重慶山中事為共黨特務所悉，過牛市口後，特為共黨架機關槍之隊伍喝茶，指名索吳熙祖。熙祖云在台不得啖飯地，而在川則死，不勝憤慨。余謂此吾同志自造過失，今食其果耳。回錦姪處飯，有蘿卜絲，飯前後食香蕉二枚，下午大便乃通。徐向行來賀年，鄭味經全家除夫人，幼女、二女均來賀新，小叔及林在明亦來。飯後睡，睡至下午三時，到錢家同朱處長、廖君及王三姑之子打麻將，余負七元。陶益三來錢家見麻將桌，躲於別室，伊十六年在探斗運輸處辦事，能不忘其舊，亦足稱也。十一時同陳敏坐三輪車回寓。

昨今兩日來拜年者，楊寶儉、溫崇信、錢中岳、曹志鵬、王企光、段景祿、何芝園、毛同文、俞博生、沈之萬、朱敦春、俞時中、鄭任庵、王介民、鈕長耀、狄德甫、尤素珍、杜劍雲、黎權、喬鵬書、虞克裕、戴問梅、汪茂慶（沛然）、韓叔龢、許以仁、張毓中、黃天鵬、胡希汾、丁溶清、孫振亞、林潤澤、劉子澄、李家祜、胡惕吾、慶澤彬、凌績武、凌念祖、徐炎之、張福濱、吳迪、朱鍾祺、張□□。覃勤賀春片云「今年庚寅，民主國亡羊補牢，明年辛卯，反攻大陸工作最艱巨，後年壬辰，開始勝利」，亦趣舉也。

陽曆元日來拜年者，徐炎之、顧儉德、陸佑湘、胡家鳳、陸誠（孝武）、戴恩沚、歐陽燮、鈕長耀、俞成椿、陳訓悆、張壽賢、汪公紀、諶忠幹、陳以令（綸言）、秦孝儀（心波）、樊中天、虞右民、胡希汾、吳亮言、邱梁、馮葆共、章鶴年、李文範、鄭克宣、吳寅介（頤伯）、文守仁、蕭吉珊、金仞千、凌紹祖、姚大海。

2月8日　晴

寫敬悼孝園先生，頭暈，屢至不能寫字，不知何病。到錦姪處飯。下午三時出席孝園二周年追悼籌備會，伯稼寫年譜竟，此外追悼詩文已彀二版，張正同在中華日報為編排年譜單行，陳百年先生亦有一文，為記考試院方面事者，伊高年而往來均乘公共汽車，可敬也。回寓，吳瑞生來，給以厭歲錢。徐香英亦來探余，勸即止飲。六時袁企止約談黨政關係，總統府政治小組及台灣省政治聯系派一祕書來作中心，眾主不設關於中樞政治指導機構。谷正綱云自改造委員會成立，反於此處放鬆。黃少谷云金價、外匯、改訂稅則皆吳國楨、任顯羣弄好，而於短時間內強陳誠以通過，其中有須先修改法律者，誠亦為負起責任。陳雪屏云省政府會議於重要諸案之提出，則云此案上頭已經商好，亦無討論。證以葉公超云我做部長，管我的人有三、四處，如是則職權不於機關中行使，而一、二人得由間道自由弄柄。黨負統政之名，行政院空有責任內閣之制，情事顯然也。今晚之會云中改一星期宜開會兩次，以一次討論政治，立、監、考、法四院長請出席，較為有此需要。余仍提第三勢力之可怕，第三勢力者不在其本位而得為生殺予奪，與在位而專斷紊亂行政系統，既壞國家大事又侵犯人民利益，當前可虞之大者也。余於政治既有會議，則祕書處與專門委員會均屬重要，亦言之屢屢。十時余離席，步回寧園。企止今日備酒菜，有臘肉、臘八豆、魚頭燒空豆腐、三果雞等，並因席上十三人，請其夫人出坐敬酒，余涓滴不飲，殺風景之大者，亦會逢其適耳。得孟尚錦書，伊二月三日赴滬，余前日寄近影兩張，託其帶歸。附來綴英一月廿五晚書，已盼余寄書，云李賡堯遭槍斃，張躋強可以無事。陳正鵠在陶河鄉下辦一初中，曾到寧探綴，並云念余。老萬全章老闆今年八十一，念余，次子章厚之已與綴晤，長子前年已過世，民廿六之前曾送菜到祠堂巷。老太太身體甚好，對我夫妻及兩子在外甚放心而感謝。公望自北平來信，他與寧馨身體甚好，到過張欣若、楊坤林家吃飯取錢。寧馨應再入校讀書，綴已託張路展暨公望勸他。晝三弟日入平均四、五十萬（每門診一萬五，每日二、三十號。出診七、八萬，日有四、五號）。

2月9日　晝晴，夜大雨

晨赴東門市場賈觀鑫宅晤伊夫人，約觀鑫九日赴袁師汾寓參加龍門師範世交聚餐。賈夫人云佛如已於年前病卒，十二月廿三日開弔，存年五十八歲。佛如名觀仁，季英師之兄子，留學日本歸，在第二師範教書，抗戰時辦職業教育，與余同事工商專科夜校。（一）叔香先生亦病，已七十以上，恐不能再延；（二）五嬸配季英先生庶出幼弟幼臨，童夫人亦故，童夫人極賢，撐家立業佐其不甚長進之夫，遣其子觀熙游學美國，子甫歸國而夫人卒；（三）賈觀菁有人為之議婚，為填房，似未協。余歸黨部，借季陶先生所著書，獨力出版社黃紙印者二冊。獨力出版社印黨義書籍，不為無功。歸寓，同王企光、任德真往西門町吃蓮子羹，店門未啟，乃入天津館吃餡兒餅，牛肉者佳，豬肉者過鹹，意者年底購便宜肉加鹽，茲則碎之以為餡也。回錦姪處飯，有文守仁送醃鴨，真是極鹹，余食至上顎生痛。回寓睡。得袁師汾書，聚餐在十一日，乃再往賈家告知。中改舉行八十二次會議，討論總裁對黨一般性之指示十五則、本年度重心十則，有準備召開全國代表大會之指示。夜飯在探斗家，飯後雨，錢夫人雇車送余回寓。余頭仍暈，時欲昏昏然。

2月10日 晴

昨夜沈階升來商中央日報監事何日開會，今日派□□□來送伊家所做糉。徐香英（宗彩）來，攜簡野道明之和漢名詩類選評釋，於枕上閱之，日人詩工者不少，余所未曾見過。回錦姪處飯，本日為三弟誕辰，不知滬寓熱鬧如何。宋之問新年作云「鄉心新歲切，天畔獨潸然」，朱之瑜述懷云「九州如瓦解，單身寄孤島，抱節比田橫，不必另吟新什」，余懷悉被道著。下午因嘴苦鹹，飲水多。睡，蔣元薰來拜年，問何日可商給救濟款。得香港孟尚錦四號轉來一月廿五日奐甥書，云三舅生意很好，穎姊陰曆廿四日回璜度歲，新年後將赴寧視頤姊。新年放假三日，清之亦將返寧。廿七日錫舅家過年，共兩桌，到豐舅、霞哥哥、三舅父母及韓先生等。錫圭依然面黃肌瘦，翰林事未澄清，寶賢瘦得不成樣，公、寧、延最近有合攝照片寄來，體子延為最高，延將於本星期內返滬渡寒假。光琪已小學畢業，現正補算術及自然，不知進何中學。奐信又云霞哥田地事已輕鬆。

2月11日　晴

晨黃壽峻、張文彩、王樅（字聰樹）來訪，約余上阿里山，擬二月十六日中午啟程赴嘉義。王樅曾服務於綦江鐵路，在仁沱與奐甥同寓。中午夏濤聲來訪。余至中正東路三段100巷七弄十號袁師汾寓，師汾在北洋大學時原名世汾，以袁世凱稱帝，男子均改師字，女子仍用世字排行。飯時龍門先生到者郁少華、朱了洲，同學到者過鍾粹、王豐穀、丁孝先，世交到者姚兆如等，十三人，備兩桌，缺七人。袁夫人燒鴨及小芝麻湯糰，皆極好吃。蓄雞甚多，家庭頗為整飭。席間賈觀鑫談沈商耆師被撞（戊辰十月二十二日），袁師汾君譚楊月如師北京撞牙流血致命事。一時散歸，過、姚及王鴻磐均到余寓小坐。客散後略休，續寫紀念孝園先生文，不欲付刊矣。夜應鄭味經請通朱少屏夫人宴，以炒雞雜、小湯糰、炒雞片為佳，菜苦多。晨，明偕林在明來請，下午朱歐生又偕皓來送酒及橘子。盛松如有同學為副站長而管小行李之蔡奕文來訪，余款以西瓜。夜邱紹先、吳亮言來讀詩，余不解日本人詩注一、二、三為何義。十時睡。

2月12日　晴

戴季陶逝世二周年紀念日，余步往中央黨部，萬耀煌在飯堂做紀念周。十時在樓上行禮，總裁贈「縈懷哲人」額，親來行禮，同志到者極多。散會後同邵健工、黃仲翔走中美藥房訪續溪方宏孝同志，擬到天津館吃餡兒餅，本日無牛肉，不得吃。乃在洪長興飯，仍以牛肉為佳。飯後仲翔到余寓小坐，囑寫生日詩兩首，一隻身、二窮人。立法院楊慶雲來拜年。孫秀武來，送伊回中信局。六時為秀武事詢汪公紀，公紀云向采留，秀武尹云調至糖業公司，又為劉孟劬詢周賢仲，知可無事。余於參加台灣各縣市改造委員會食後，即往李、劉諸家告知。會食在女子師範飯堂，八碟八人一桌，余食時適無電燈。諸巨人均在中改開會，尚未到會。夜八時因交通大學四十年新年晚會演劇戲三齣，以西廂記及八大錘為佳，直演至半夜一時。飾陸文龍者為謝夫人郭淑英，刺朮一場竟然雙淚齊落，不知何所感而如此也，其人腿工不壞，似曾受科班教育者。

2月13日　晴

曾到立法院，一望有一八大山人畫展，無可觀，未入。在錦姪處飯，飯後到錢家打牌至十一時，臥王敦美床，藤墊係嬉圃所睡，睡得尚適。中央日報社監察人開會在寧園，胡健中主席，馬星野報告董顯光收束港紐版，凍結人事，儲備紙帳，爭取廣告，注意社會新聞，不登載長文各新猷。會散，徐漢豪、周蜀雲來坐，頗愛寧樓幽靜。晨曾訪孫德中，請改期舉行北大同學會。

出，尋孔凡均、虞麗芳，知毛神父對於遣送留美學生已倦勤。到鈕長耀宅吃糕湯、麵及稀飯，惟糕湯及格。知俞成媖在美已生一女，其夫婿性頗暴燥。劍華夫人在蘇州。余與長耀發起蘇松太同鄉每月聯誼茶會，商發起人名單。

2月14日　陰有飄雨

晨自王家走，至松江路飄雨，乘十二路車回寧樓。林克中來，為與祝兼生爭一宿舍，各單位抽籤，取決者多，兼生不肯。余昨遇鄭振宇兄，請其勸祝，茲聞君佩先生亦命余為之決，緩日當為籤定也。修奐筠書二紙四面，勸勿過分努力。修蘊寶書，勸侍母，遣吳來信勿說人壞話，余給人之錢不責償者，伊不必問訊等語。九時訪張懷九先生，伊家廚人已走，現有一火頭軍，燒不出名堂。余約陰曆正月二十日為之暖壽。回錦姪處飯，自懷孕後健飯能睡，略肥。下午休息，至錢家續昨歡，再睡王敦美床。夏、慶、錢、王諸家用牆隔開，互不相通。半夜同為俊尋秦啟文，到夏家踏水凼多處。午後余於打牌桌上吃糕，不稱意，擲雙箸向空表示發怒，諸人皆笑。

2月15日　陰雨

晨七時自王家走至十條通李家，何仲明小名香亭，能煮飯洗衣者，已離開兩日。岳、蘅扇爐，蘅又指示其幼弟，幾何方氏興發之象也，食麵與泡飯乃回。得台灣廣播電台送來吳稚暉、鈕惕生、張懷九諸老錄音片八塊。天雨至簷頭下溜，焦立雲自醫院開刀回，謝余助力。伊割輸卵管積水，用去新台幣五、六百元，今日回公寓上工。替工楊某會說話而利心重，寓中飯錢少而物貴，難以討好也。十時至公園路臺灣廣播電台，送去收據一紙，在採訪組晤崑山張家鈺、江陰錢國泰（2735）。聽吳、鈕、張錄音片一次，極為清晰。又至杭州南路為中委陸幼剛報名。回錦姪處飯，飯後張中林夫婦來尋余，其夫人急於謀事，余因明日將赴嘉義，恐橘霉壞，將橘贈中林帶回。三時王樅來，云阿里山上山隧道有一處待修，十八日可望修好，游山請改期。王去未幾時，高雄黃壽峻來長途電話，亦作如是云，而鐵路局中人又來問備車票如何情形。余一行動煩人太多，今後當更慎重。天雨，閱日本人詩及香港工商日報劉健緒登廣告，二月一日自巴西寄登，為默察一年來中共所為與其所標榜之新民主主義完全相反，悔於三十八年春隨在港人士呼籲和平，今後誓遵總理遺教反共到底，為自由民主而奮鬥云。又載北平十二日廣播，中共教長馬敘倫接收燕京大學，到校行接收典禮，委員陸志韋為校長。又載江山戴笠之子戴行素被中共殺害。夜飯在錦姪，余購油麵筋，味酸。夜飯後到榮元與張伯雍譚，知周梅初現日為崑山紅人，另有夏聚星亦有力量。洪亦淵君有被殺害名單，洪君他出，余未之見。夜雨甚，同錢、陸、盛君閒譚，候水熱，浴後即睡。

2月16日　陰雨

晨知秦啟文已為余準備赴嘉義車票。祝兼生來，云事務及工作會報均規定在台北已有房者不支配新屋，此事一起爭執，便無趣味。八時半赴立法院第七會期第一次會議，劉健羣院長致簡短之開會詞後，即討論郭登鰲所提之議事規則修正案。余於十一時到三陽春吃肴肉麵。歸寓，劉家樹來譚各省市同志在台狀況，又譚王有蘭同志雖係有庸之弟，南昌陷即到廣州，廣州陷即到九龍，確無附逆情形，開除黨籍為冤枉。此事胡秀松到余處亦曾說及。又胡君云劉已達吉安，押解南昌一年，而至北京與東北，遭無形監視，亦未從匪，此與唐希白同志有三冤枉，當為提出求平反也。

朱彩南二月十一日致洪亦淵書，崑山十一月起開始土改，實行清算鬥爭，凡自己不能直接耕種生產者，五、六畝至十、百、千畝，一律以地主稱之。凡曾參加國府各機構之公教人員或自治人員（保長在內），一律被指為惡霸，其人兼有田畝者稱為惡霸地主，十分之十都有判處死刑資格。知名者陶錫康（東門，被匪唆使農民咬死）、蔡用之、鄒勇（陳墓鄉長）、解禮康（常州人，田糧處長）、陳明之、周天度（真義鄉長）、馬步青、周序東、陳孝言、陳元俊（映壘子）、薄責人、梅士榮，被捕者衛序初、張仰之、徐振亞（巴城鄉長）、孟息安、朱國珍、馬振海等。

張壽賢轉來陳松年致南維嶽書，云卅八年五月上旬曾飛廣州向樹華公司趙故董事長請示機宜，趙交伊手書（五月十四日），記四點：（一）上海業務結束；（二）員工暫先回家候命；（三）現存款項酌情分配各同人；（四）公司辦公房屋等由留滬員工設法保管。

到滬後本擬三日即回南，乃第三日滬陷，先期將帳冊文卷由最後一班中興輪運台。松年以幫凶罪嫌為中宣部經辦報紙，被共黨一再拘傳審訊，至秋間方始不再傳訊。茲於一月十九日隨孫伯顏，廿二日至香港，住張翰蕃之農場，被開始黨籍不知何因，請求平反，此為冤枉之第四人。

下午二時吳瑞生來，云將訂婚，求助。四時鐵路飯店中央日報社董監聯席會議，三十九年決算補說明後，連同盈餘分配送監察人審核，今年贏餘十六萬，四十年余主加倍繳盈餘為卅萬。原提案又因防空設備無款來辦，主截留應繳之十萬，余及谷鳳翔、沈昌煥、羅家倫均主繳歸繳，請歸請。最後則議紐約送報去仍加半頁華僑愛閱之新聞。今日董顯光赴港，黃少谷代理開會至三小時半，鐵路飯店之菜極壞，余講笑話數則乃散，黃國書以車送余回寓。

下午何尚時來商蘇松太茶會事，洪亦淵來商台北市江蘇同鄉會理監事擬借寧園開會。

昨日下午得許靜芝電話，謂姜超嶽云雲光已病卒。

下午遇王璐，送來邵協華答辯書。

2月17日　陰，晨雨

晨走西門町、衡陽街、重慶南路、博愛路，擬購日本被面，綢者索九十元，布者索五十元，尺寸嫌短，加至兩幅十五尺，索一百三十五元，余乃購花洋布二段，每段十五元而止。入鐵路黨部晤章鶴年，伊尚得葵老信任。回寓小休後至錦姪處飯，飯後臥，臥起洗筆磨墨。

下午請王健侯夫人到寧寓飲，略備酒菜，健侯夫人自成都至此。下午沈階升商星期一開會。胡文郁來譚安徽黨務。夜六時請王企光夫人，夫人深澤王氏，攜二子自成都經寶雞，自隴海路至鄭州轉北平得證，走廣州來台，膽力頗可佩，隴海人亦無告發之者，王局長之德澤亦可稱。本晚留飯，吃西瓜，西瓜極佳，並備水請浴後，余早睡。

2月18日　雨

劉象山將赴高雄縣黨部改造委員會主任委員，來辭行，余為介紹葛建時、伍勁甫以為臂助。晨雨中抱西瓜一個去慰孫秀武，被中央信託局候命，月可得原薪十分之六，但有背景者飯桶無事不裁，秀武殊恨恨也。十時至武昌街十八號立法院俱樂部商詩社如何辦法，魯蕩平不願為籌備員，余請以楊一峯、吳春晴補之。十二時吃劉長興 130 飯，炒菜還佳，以牛肉火鍋為最不佳。飯後歸，雨不止，候至四時始赴崑曲同期，遇呂著青，聽人唱搜山打車，食肉心湯糰。五時許同朱虛白夫婦到錢家打十二圈，余負六十六元，十一時飯。得暢便，身子為鬆，如小兒然。

2月19日　晴

晨至黨部，未及至紀念周，即同祝兼生赴圓山，梁敦厚等自殺自焚，太原稱為五百完人，祠落成行禮。禮畢在三六九吃湯糰。立法院資格審查會，江蘇二區宗伯宣辭職，內政部查係實在，以李煥之補。眾主索閱辭職書，余查補第四額無誤。二區許聞天、薛明劍、張道行、宗伯宣君均離，今唯張九如一人而已。回寓，同王豐穀回錦姪處飯，飯後臥。曹津生率其婦暨第三子來，伊住台中平等里七號，現為空軍少校，方受訓完畢。三時中央日報監察人會，張炯主席，王稽察說明通過三十九年決算及贏餘分配。四時至仁愛路二段三十八巷五號吳鐵城先生家茶話，吃餛飩、春捲及包子，晤樓佩蘭等老立委，譚憲法修改意見。六時三十分至青島東路十號裝甲之友社，應嚴家淦部長宴請立法院財政委員會。宴畢，嚴報告美國軍援、經援均有來意，且戰爭準備加強，財政上困難加增，一、二兩月並未吃存金，幸能度過，三月則頗覺困難。末提改正收支系統，修改出口稅率及台灣修正各稅法，請求支持。說畢，丘漢平舉盃謝謝主人，一鬨而散，頗足疑嚴所說立委之意另有所屬也。關務署長同學周子若送余回寓。

夜十時沈階升偕李煥之來，說明宗伯宣為金城銀行關係行號誠孚公司經理，周作民為之照應，又上海副市長宜興潘漢年抗戰時一度在張渚被捕，宗伯宣為設法得釋，漢年到滬亦拜伯宣，伯宣自辭立法委員，以免下級疑忌。其人善書法，辭職書由錢企裴帶來，井塘查實，派人往滬詢問再回，始辦稿云。煥之先辭行政院參事以待。

2月20日 晴 陰曆元宵

晨聞爆竹亂放，不知家人情況如何，為之愁悶。九時立法院院會，余坐第二四五席，聽葉公超外交報告，美援已來，需看我能用與否，日本重裝軍備在今日係屬需要，而應防其野心復熾。國勢極弱，幾不在人眼目中，負外交責任亦極困難也。休息時間，朱佩蘭臥中心醫院，前往探訪，在二十一號病房，患腸炎，有二女同事（仇其慎、許瑛）在探病。中午余回錦姪處食餛飩，歸寧寓臥。臥起徐香行來，戴郛覆審得批准。三時後江蘇臺北市同鄉會理事在寧園開會，朱文伯、王懋功、祝再揚、吳則中、季炳辰皆與余晤，何尚時及王、祝、吳、季皆上樓小坐。四時至錢探斗家食糰，王家雀戲。十時同陳敏搭六路車歸，夜色晴朗，天暖如初夏，不知姊弟安否，為之悒悒。自黎明至浴身後就枕，成詩四首。

元宵節自晨至夜得四首

爆竹溝街萬串鳴，頻催天暖柳回生，
何堪縣演千忠戮，無處重敦故舊情。
山光晴照六街妍，車展歡輪意欲仙，
別有懨懨支半枕，孤身佳節病相纏。
俯首難禁下嚥悲，情親十有九人危，
偶然提起偷來食，我已攢眉汝未知（余家眷口眾多，穎姊嘗治少數餛飩與錦、曼二姪同食，不使人知，謂之偷來餛飩）。
欲說心情不待醺，欲為皓月洗塵氛，
繁星云自流星放，橫列青冥傲白雲。

答以為年高委員助壽，伊答不能往。余又述廣播電台願先生再述與總理交往故事，伊答緩日再說。余請天熱仍移寓草山，伊云陳之煥夫人已為余在東窗外搭一涼棚，可以避曬，又在伊臥房作一如工廠屋頂之通風管，得將就時，擬不往草山。馬夫人云一群人同往極費事也。出，到秀武處，胃氣數日，方為待命令將下不快，余攜往西瓜置之未食，正冰冷間。王培禮自香港來，而方肇岳則往新竹謀事。培禮談方子樵苦況，在港斷米兩次，其中一次瓶無餘粟，想起子樵夫人在醫院有人送麥片一罐，乃往醫院取歸，和菜煮糊以食，第二次則培禮不在家云。余等先食瓜後食飯，余飯後即行，培禮擬余咖啡糖，余不受，秀武自內呼曰不要即不要，可知其情緒亂煩也。余行中山南路樹陰間，遇監委會年長職員白中孚，云到台後天冷則不能食，服胃活液體，余疑其係酒病。余因北大同學會三時在法學院開會，而一時半為始警報演習，乃走入徐州路，遇牙醫周家肇，入伊診所小坐。入法學院，休於院長辦公室，閱傅孟真中國學校制度之批評，既而在會議室靜待，有住溫州街之周楨及楊寶儉對門之王德昭來。演習時高射砲發響震屋。四時解除警報，又有同學洪槱來，余待至四時一刻乃返，途遇袁世斌。臺大校刊載胡適之先生致毛子水書，謂傅孟真有三不可及：記憶力強、判斷力強，一也；做學問好，而又能組織、能治事，二也；有領袖才，而又能辦瑣事，三也。得苗栗縣政府高廉九書，允方肇岳任苗栗中學歷史或國文及少數英文課程，將來有機會定聘請王培禮先生一同任教。夜八時空襲預演，燈火管制，余臥床。待警報解除後到肇衡寓送信，知岳新竹教書亦成就。余雇三輪車來回，成詩二首。

防空演習之夜二首

沉沉死市如遇警，站站機群接砲聲，
孤月懸天如浸海，碧霄今比昨霄清。
長鳴已解行人少，星月相輝夜色鮮，
載上車兒行夢裡，一灣淡水冉輕煙。

2月23日　晴

晨林克中來白事，胡琦案分析一清。為爭房事，云祝兼生有為自己作主張處，余勸伊放棄，伊亦樂從。余至立法院選舉經費稽核委員，有江蘇青年儲家昌願任，余即舉儲君。散會，復舉行資格審查會，李煥之補宗伯宣案，余謂經一查訊方明白內政部之調查準確，立院補人以認真為當。散會，倪文亞語我派馬存坤為台中主任改委經過，劉啟瑞、夏敷棠、□雲老與吳禮卿皆言馬不合，而胡健中、張道藩亦以中改此一派遣為怪。啟瑞云遭第一組人侮辱，氣至發抖。倪君云已中止馬接收台中，當予改換。余勸劉君保重身體。出中山堂，而台灣防空演習後第一次警報作，隨余到寧園者王仲裕、于心澄、陸孝武，余等休於防空洞中，老弱鄰居來託庇者二十餘人。十二時返飯，錦姪不知有警報事，云有怪機八或十二臨基隆、淡。飯後理髮，理髮後赴新亞蘇松太同鄉茶會，年長者沈之萬為最，共到六十餘人，擬每月最後一禮拜五集會，風雨無阻，五時散。余於三時半出席紀律委員會，余所擬沈如松違背命令，停止黨權六個月處分得通過。同鄉會散會前，鈕長耀講怕得佩服、恨得□□、死得無話可說三意，舉故事以明，頗透澈。余同探斗歸其寓，秦、陳羣之、宋太太、廖南才夫婦、余等打牌四圈，而錢與廖中表互罵，不歡而散。歸寓，孫伯顏、吳亮言、邱紹先在寧寓弈話，伯顏住上海虹口，晝三到虹口時在伊家飯，招金選青、于秋墨，可湊麻將一桌。于歿於上海，在去年四月，係肺病，亦晝三為之診視，死時二女老妻送終，四子不在側。晝三寓中有陳仲達為其子邦典所書頌詞，有國府醫官、財政部醫官話頭，伯顏主捲下，余之照片一幀放於客廳，伯顏亦為放入抽屜內。今日陸孟益在同鄉會席上語我，晝三有信，教余勿致伊書，又孟益之子來攀亦如是云，想見上海漸緊張也。十一時洗足後睡，枕上閱大陸雜誌。

2月24日　晴　星期六

晨孔凡均夫婦來，其婦厭國際電台瑣事苦悶，求介紹毛振翔神父攜往美國，或在台灣教書，謂英文伊能擔任。錢自誠來問家鄉消息，並託為其妻謀一台中職務。孔、錢行後，余候呂著青甚久不至。余出，往張懷九先生處，問桌椅竈等合度否。出，到台灣廣播電台，約明日六時半往張宅，又往約姚容軒夫人，並約王亮疇先生五時半到張宅。回錦姪處飯，以錦姪將近產，取回存物。下午臥，胡惕若及錢石年丈來，桑圭亦來，桑圭求入師範學院藝術系旁聽，求余為之介紹。李愍寶率其夫攜其子來，子比在廣州東山時高一個頭，今日命之觀雞，伊好採花，不知長大何所好。愍寶約下星期五飯，且約陸孟益同聚。四時，張藕兮、郁佩芳、陳敏來同食糖果，同往三和樓吃餡兒餅、新亞吃麵，且攜拆燒至錢家，在十時後下粥。夜臥小床，珠羅紗帳下水後縮短，蔽頭不蔽足，一翻身則蚊子鑽入。吃粥時又無較為用心整治之菜，佩芳於衣食殊草草也。打牌余勝，陳敏亦勝，陳敏利口，時有尖語。

2月25日　晴　星期

天氣極好，以宴請常務委員，不能出游。晨自建國北路走南京路，經鄭州路後站購香煙。回寓，同任君出購西瓜，抱回兩枚，又至台灣台尋張家鈺，未遇。張君後遣□君來云將軟片音又錄上鋼絲，可以不搬動留聲機。莫葵卿來尋秦啟文，啟文赴竹東等處，余與談：

（一）資源委員會人叛變者多，起初翁詠霓等以技術獨立為號召，高級人員中無黨員，即偶有之，亦不令知機密，政府中人亦以如是為妥。迨東北撤回人員，資委會處置困難，政府置之不理，遂開技術局外中立共黨滲透之路。

（二）政學系內外都在高級人員中結納，消息靈通，步步緊紮。說起黨，均是黨員，說起各黨各派，又象他們便是各黨各派，如需學術人員，好像他們不是不學無術，如需與人交涉，好像他們會交涉，惟有他們能做得通。率先把黨義打一折扣來說話，好像氣味好些，卒之見風轉舵，失了方向，把持政局，終致誤國。

（三）上海市長以張廷璠較為有能，惜是桂系，未能久於其任。余謂上海市長如存心改造上海，不顧一切困難，其人必為人暗殺。上海市長連續被人打死五、六人，上海方始有望，若久於其任，又能得萬民傘者，皆與惡勢力已妥協也。

（四）政治上最失敗者，已掌政權而附以財團，已有財團不競壟斷市場，與民爭利，且以特殊勢力破壞法律。人民視政府利則歸私，刑則例外，衷心怨恨不服，汝日曷喪，與汝偕亡之念逐漸蔓延，政府遂倒，自中央以至地方皆宜警惕。此節余謂財團既集，則必想執政以圖快意，例如江湖戲班，戲箱既已上岸，戲子群聚，坐吃開消浩大，則必謀戲臺以為演唱，自然之理也，故一上政治舞台，須與商人絕緣方能政治上軌。時已正午，莫車送余歸飯，飯後休息。祁志厚、吳子我、丁宣孝來訪。余於四時半至張懷老寓，先為懷老夫婦錄音，次為王亮老、化老錄音。開席兩桌坐滿，居夫人亦來，洪陸東亦來，通過各省市補助節餘者七人，食西瓜乃散。諸人皆歡然而散。

2月26日　晴

晨鄭味經夫婦來，味經背部酸痛，余介紹徐銘為之診治。余至中央黨部觀鄭彥棻美洲歸來照片，又遇彥棻，比余同張默君車回西寧北路寓取詩頁，返則黨部紀念周，禮堂坑谷皆滿。余就張曉峯辦公室，得見武嶺蔣氏家譜。九時半同曉峯崔書琴車發陽明山，在路加油，譚傅孟真種種。過竹林徑時，曉峯以為美，入革命實踐學院，朱櫻耀日，雜鵲鬥肥。紀念周，陳辭修講美援及日和約主旨在天助自助，盡其在我。拉長一點二十分鐘，誠懇有餘，組練不足。散會，又開院務會議，曉峯在坐，余尋林鼎銘、馮葆共、紀廷藻、陳以令，又與梁永章、張明休於樹陰。直至下午一時，曉峯不出，余知後草山之約不克實踐，乃乘陳辭修車返其官邸，同進飯，飲紹興酒三盃，酒味殊佳。飯後回寓，得酣睡，起身後盼有人來譚，無人來譚。四時送武林青及凌龍生朋友暢流投稿酬金，又往廈門街尋鄔繩武未得，乃返回錦姪處飯。夜，姚容軒夫婦來謝，昨未能到會，因嘴腫。談龍濱夫婦引錢錫元來，錫元竟判徒刑三年六個月，財產沒收，擬往台南高等法院請求覆判。

2月27日　晴

晨乘七路車至朱厝輪下，走舒蘭街尋戴志鈞。同出，到第二招待所送蔣元薰款，元薰不在家，款交姬鎮魁。余同戴訪賀元靖，略坐即到楊幼炯家食麵，有湖南臘肉。同楊君到中國殯儀館，余松筠停屍於床，容貌非昔，眾推余為治喪委員，余允之。出，搭便車至南陽街四號樓上訪樓佩蘭夫人，兩子相嬉，夫人亦半老矣。在佩蘭書桌見榮寶齋箋樣，湯定之先生所作花卉蒼老而生動，妙筆也，又王時敏山水印本亦佳。歸寧園，小坐即飯，錦姪煮鴨頭鴨腳、干貝白菜湯。歸寧園臥，王培禮、方肇衡來，肇岳已得新水教職，培禮亦可得苗栗中學教職，惟需有黃國書致縣長鄧仲演介紹書，余即陪培禮到立法院求書。歸過瓜市，獨眼夥贈余瓜，余購一，十七斤一枚。歸，新亞遣人來收二月二日同孔、劉吃帳，已付五十元矣，侍者中飽，背後簽名非余親筆。夜赴味經家飯，飯後八時袁守謙在中央黨部召集審查會，續研究黨政關係。余於味經家食葱包蛋、曹白魚及鹹肉豆腐湯，與諸小孩說我家窮故事。黨政關係已請評議委員發表，意將關係大綱酌為修正，其實施程序余主不要，眾皆贊成。至管理從政黨員，余主祇列獎懲條件而不列獎懲辦法，眾仍主有辦法，議至十時回寓。

輓余松筠

前歲直傾危，欽吾兄醫國純忠，麥飯相隨浮海口；
今朝隔生死，惜舍弟知交既逝，琴音長想淚天涯。

2月28日　晴

晨往立法院舉崔唯吾為財政委員會召集委員，崔得八票，文群得六票，均未當選（夏濤聲、劉全忠、吳越潮、杜均衡四人當選）。又參加資格審查會，何適補司徒德，眾謂無問題，余乃早歸。寫余松筠輓聯後歸飯，飯後赴中華書局小休，即到殯儀館，松筠大殮，妻妾哭甚哀。於公祭後返寧園，知王豐穀兄又來候余，坐久寒冷乃歸。本日宋新民款託盛松如帶往高雄，松如到高雄實習兩禮拜。五時朱育參來同飯，於山西館遇章成一同其友亦來飯，余等祇吃十六元，又將餘菜帶回給下女，可謂寒酸之至，但一念及大陸人民艱難，自不能浪費也。七時赴探斗家，復食粥一盂，同王、陶及探斗鬥牌八圈。天大雨，本擬住錢桑圭床，秦啟文以三輪車來，停車門外相候，遂與俱歸。浴後睡至適。

討論黨政關係，余雖發言被采取者有之，然重心別有在，余說不睬亦不爭也。袁企止願備嘉肴，且性愛書畫，藏何子貞真跡不少，間為救流亡落魄者出售之件，亦收贗鼎，其氣度可珍也。祕書黃岡張泰祥（字太翔，年四十四）示我棲霞畸唱，云攝山產藥，採之可以攝生，故名。又記云金兀杰敗於黃天蕩後，竄攝山鑿河，宵遁河，即山下之竹篠港也。又記半山亭有「寥廓清虛」額，錄其詞兩首：

醉太平　紅葉

山巔樹顛，天邊天邊，冷香遙接飛仙，把吟箋暗傳。
登高品泉，烹肥擊鮮，江東寂寞千年，說孫郎紫髯。

西江月　游虎穴歸告親友（棲霞一名虎穴寺）

萬里班生入穴，千年顧愷傳呼，
醉歸神勇射於菟，亭尉呼聲偏懼。
擬謝黃金佩印，還辭燕尾螯弧，
八荒覽盡愛南徐，珍重秋山紅樹。

雜錄

張正同，中山北路二段中華日報，1182、6324。

談龍濱，貴陽街二段西園路 75 號王基業寓。

郁元英，杭州南路二段六五巷八號。郁慕南出嫁在青島東路十號。元英松江人，擅詩詞崑曲。

陳廣煜，台北市華西街六號。

胡耐安，住博愛路永大旅社 315 號。

賀其燊，杭州南路一段 71 巷 12 號。

孟尚錦，香港皇后大道中八十三號收。

黃仲翔，中和鄉廟美村廿號。先找十八號，車站搭中和鄉車一元。

金秉全，香港九龍馬頭圍。

俞勗成，瀋陽路一巷十一號朱寓。

沈元雙，中山北路二段錦州街十一號三樓。陳太太，五一七七轉三樓。

沈之萬，和平東路口十一巷進去，杭州南路二段 107 巷 25 號劉楚材家。

陸孟益，中山北路二段五常街廿二號主計處宿舍，原住金華街 134 號。

廖南才，和平東路一段 183 巷三弄四號，3559。

謝壽康，C. K Sie, 42-18, Seventy-Sixth Street, Elmhurst, New York, U.S.A.。

馮用，台灣博物館研究員，三二六一。

王子良，許靜芝派來取藥青年，一月十七日。

孫德中，泰順街 38 巷一號。

朱慧民，上海拉都路敦和里廿一號三樓。

顧福田，香港砵典乍街41號三樓太平洋公司宿舍。

田蘊蘭，鹽城人，中央大學畢業，適稅警團團長貴州陳泰運，現任台灣女中教員。

何芝園，廈門街七十一巷十二號。黨證寧字九七一四號，十九年入黨，廿八年重領，特字五八七五五號黨證重複。

陳天錫（伯稼），考試院7934。

季惕凡，棉蘭郵箱一百一十一號，Indonesia。

狄震（德甫），祖居山西西河小葉村，現住延津縣通村，遷自封邱西丈八村（古黃池），村有姓狄三、四百戶。

趙振洲，封邱人，信義路三段廿五號德甫醫院。

雷燕珊，和平西路二段九十巷六號。其弟雷□□。

黃天鵬，和平西路一段七十八巷二衖二十一號。

陳頤，高雄女子中學，前金區五福三路。

張忠仁，基隆路三段教育部內。

蕭錚，信義路三段45號。

史尚寬，杭州南路一段143巷卅六號。

洪蘭友，新生南路一段161巷三十四號。

徐漢豪、周蜀雲，和平東路一段青田街四巷九號。

吳保容，中山北路一段53巷48號。

李翼中，濟南路二段十四號。

張星舫，羅斯福路四段四十八巷一號。

姚大海，杭州南路一段七一巷三十二號。

葉秀峰，浦城街底九號，信義路二段17巷4號，電話6126。

顧一鳴，館前街七十五號。

洪陸東，博愛路 206 號四號。

周啟剛（覺庸），九龍城獅子石道 20 號三樓。

吳亮言，中華書局。

陸孝武，現名誠。

陳以令（綸言）。

秦孝儀（心波）。

顧儉德，妻陸佑湘。

唐堯生，豐原豐中路中山里 163 巷一號。

唐夢華，圓山忠烈祠第六軍，圓山台字 1001 號信箱附四號。

陳沅（馭六），仁愛路三段廣播大廈，二六九五。

秦□，香港堅尼地道城隍街八段二樓。

梅頌先。

陳超，台北仁愛路二段 48 號信通修理廠。溧陽人，謀中央黨部汽車管理員。

俞時中，廣州街八號中心診所，電話二五五三。

葉銘忠，少屏婿，大正町六條通四十一號。

謝旨實，香港堡壘街三十六號三樓。

王雅，新竹南門福德里中華路 304 號，一月七日始。

林瀚，和平三段 216 號，馬國防部醫務科司藥。

郭志鈞，北平人，胡惕若，中山北路二段 16 巷 14 號。

余天民，香港九龍深水埗桂林街新亞學院大學部交。

蔣孝佐，7027。

胡惕若。

吳寅介（頤伯）。

俞樵峯，海員黨部泉州街六號，3193。

廖世勤，和平東路三段 216 號。

孫芹池，和平東路二段安東街 400 巷 23 號。

自由中國勞動同盟，峨嵋街 105 號，電話 6456。

陳玉田。

唐堯生，豐原豐中路中山里 163 號之一。

馬肇選，政大畢業，教育廳職員。

熊惠民（晦明），台灣教育廳祕書。

賈克勤，洪長興副經理。

陳嘉猷、吳亮言。

俞樵峯，杭州南路一段 131 巷二十號。

蔡師母，上海善鐘路 303 弄十六號。

劉健羣，泰順街六十巷蓬萊新村八號。

張梓銘，仁愛路二段十五巷二十三號。

正中編輯會，南昌街一段一二六巷六號。

柳藩國，中山北路華陰街十八號。

謝冠生，金山街一巷十一號。

王淮深，七十六歲，廈門街七十一巷二十三號。

狄順康，台南中山路 26 號之一南都無線電料行（天主教會對面）。

戴楚良，基隆和平島造船公司轉中國油輪公司監工處。

王樹常，牌樓市人，王篤生子，學電機，台中自由路七號電力公司管理處。

孫仿魯，台北中山北路三段農安街二十六號。

狄擎華，九龍青山道 331 號三樓。

黃伯度，松江路 150 巷十一號。

楊寶麟，羅斯福路三段二百巷十號。

胡濤，字靜之，中和路頂溪洲一一五號，過川湍橋左第一巷第一家。

童光燧，字實堪，延平北路二段歸綏街一八一號。

顧欣之，已六歲半，二年級讀書，福田子。

玉珊，大陸行，沈立之友。

陳仲經，松江路 156 巷 14 號。

周月娟，台南地方法院，有二男，夫為高分院法官。

孫道始，南昌街一段二十四巷一號。

王淮琛，廈門街七十一巷二十三號。

林德璽，杭州南路二段九巷五號。

丑輝瑛，潮州街廿六巷五弄八號。

吳佩璜，字承齊，頗助革命（佩箴云）。

李道生，內政部民政司。

丁幼泉，（白上之云）漢口負監察專責。

李君佩，浦城街丙字十四號。

盧啟迪，牯嶺街二十二巷一號余宅。

施汝雄，開封街一段廿六號。

狄□醫師， 河南人，大安橋天德醫院，信義路三段或二段。

萬繼勳，澳門得勝馬路廿八號教主神學院，文史教席。

鮑德澂（淵如）。

周一夔（序生）。

虞克裕（右民）。

胡濤（靜之）。

王哲鏡、路平甫，九龍堪富利士道兩號安愼興業公司
船務部。

何國雄，南京淮海路淮海新村三十七號。

王志鵠，宜蘭市農業職業學校。

周德偉，和平東路口新生南路三段十六巷一號。

3月1日 陰

錦帆姪女本月將產，余往膳食，購、燒多添辛苦。自今日起余加入寧園飯團，團日以十六元購菜，不敷豐盛，余與任君商以余之繳費日增五元購菜，庶幾略加有味之碟，焦立雲亦以為較佳也。入立法院，取得一千一百餘元，其中扣除愛國公債、勞軍捐款及黨費120元，三月比二月多三日，而所得比二月為少，有家眷之同事必感不敷。余入中山堂光復廳參加三一紀念會，此為中訓團各班各期之同學會，余入內遇譚嶽泉、諶石泉、林競，等候久不開會，比王東原於三番號聲中到會，余先離座。余與段書詒至好，某年余任班副主任及教育委員，書詒勸余寫一自傳，即可以算是第廿九期卒業。余在上清寺中央黨部副祕書長辦公室寫成自傳，頗得好評，此與十七年黨義測驗余之成績特優，足資紀念。今書詒下世，余懷正愴然也。諶君解釋謂軍人同學好弄勢派，又無官長休息室，招待未周，余豈因是哉。中午在寧園飯，飯後未及休，即到徐州路臺大法科會議室北大理監事會，到朱佛定、陳泮藻、林渭訪、羅家倫、何容、孫德中、李彬、董作賓、夏濤聲等，議定幹事名單，每兩月舉行聯誼、講演會各一次，講演會公開者一次，不公開者一次，各縣市亦加調查，五月四日印會員錄。本月內歡迎錢思亮，思亮新任台大校長，當場捐得會費六百元，事畢余介紹蘇馭羣講開羅情形。散會，余與俞鏐廷入黃振玉為教務主任之商職學校，有夜班校舍，頗整偉。余坐車到王豐穀處，送伊中央日報送三月津貼，吃老糟雞蛋。既而至顧儉德家食餛飩粥，飯菜燒水闊口及乳腐，皆美味。飯後有風，怕下雨早歸。

昨晚貴德街永生茶行大火，自今晨三時燒至十時，起火原因為烘茶不慎。余於枕上聞必剝聲，雜以人聲呼喚，又聞救火車急行，知火警不遠。劉定九、秦啟文、邵介堃、任德曾均起身望，火光不遠，但不在迪化街，余乃入睡。聞損失將三百萬半，保有火險。

3月2日 陰寒

昨晚甚寒，賴厚被得暖。晨祝毓來訊，將遷入新房，余答林君已不爭，但以後遇此等事不能看得太重，心理上先行緊張。同伊入中央黨部，在胡希汾取金一塊，三兩不足，計時值一千八百七十一元，將此款並此次出售美金發款餘數，余再墊三百餘元合成三千元，每月計可得利三百元，由常務委員各指定一省市同志受此節餘，比較簡單自由。至此次售金後，中監會祇存金在希汾處五塊，總重 14,733，則擬以之充返寧後修理中山門內監會大廈之用，余為三監工之一，林子超先生、王子壯皆已物故。余受子超先生重視，囑愛護此房諄諄在耳，故擬還都後即從事修理。除此十五兩弱之金塊外，尚有為職員生息之母金一萬二千五百餘元新台幣足以撥入，初步掃漏及裝修可以敷用也。自中央黨部出，乘端木鑄秋車至立法院院會，會實無要案，胡鈍俞提請行政院從速搶救港澳等地流亡難胞，余略坐後即回。王導之（洸）來譚，伊罷航政司長為交通部設計委員，賀君山語以三事：（一）鐵橋輪香蕉損失案，王何以主補償；（二）廷樞輪運米遭共產黨擊沉，國防部索賠因何緩辦；（三）不該在報紙發表政論及自我宣傳。導子答云：（一）香蕉損失，貨主依日治時大版商船會社例，退運費而給還成本三分之一之賠償。台灣交通處之物資督運小組舉行調查會議，余被請參加，主張船方不負賠償責任，惟為體恤商艱，請招商局發給慰藉金九萬元，自後如有類似事件，非經法院判決不給賠償，且不得爰慰藉金之例。此事裝貨時，用政治壓力始裝鐵橋，鐵橋因風折回及通風設備不良，致九千簍損失百分之八十，商人頗有苦衷。案已實行，並非部中之案，故未報告部長；（二）廷樞輪無賠償之理，司中正交基隆港務局查覆；（三）登報自王洸個人之事。余評第一項部長非是；第二項王應將辦理情形報告部長，不可置而不談，我行我素；（三）發表能省則省。午飯時王健菴來問及，余盡情告之，外傳結婚太張皇者，余謂此則至多警告，不是罷官理由，似甘其綏來當再詢明。

黎子通來問中央日報可進去否，余託伊覆染熟羅長衫在上海洗染店。五時出，天雨，至南陽街始得車，到連雲街李愍寶家，家燃美軍賸餘物資洋油火爐，頗暖。六時部學錕攜子歸，子在復興幼稚，年需二百元。未幾陸孟益來同飯，以滷豬干、炒二冬、燉雞、紅燒肉為佳，飯後談崑山、上海情形乃歸。

狄醒宇自港來書，云三十九年十一月伊偽稱行商赴漢口售貨，取得通行證，送家眷到無錫，老父到錫接回溧陽。伊自滬、粵至港，乃津已負債六、七千萬，想出賣工廠全部恐難償債。王潤生在匪交通部工路局任監理科長，僅能維持個人生活。曹麗順充教員，亦困苦難狀。溧陽土改已完畢，桐溪逃往上海未遭毒手，知白在上海格致中學執教，家僅種田十畝，去年收穀十八擔，完二十擔糧（每畝以四百八十斤穀計，完百分之四十）。狄山在溧做了長篇自白書，尚未被殺，已艱困不堪。

夜王子弦來，出示譚訓聰自瀏陽逃至香江來書，囑設法引入台灣。

3月3日　雨寒

晨覆劉象山書，伊厭高雄囂繁塵熱，余勸慰之。入中本繳一千八百十二元五角，合存一萬二千元，內三千元為中監會存款，月得三百元所以助各省同志者也。中本今日始對存款人為借入總數，稱為結欠，此為商號不能辦儲蓄之故。事罷則歸，閱交通月刊，有楊秀峰記魯張飛力擒烏木仙，乃記張春森為撈尋烏木灘沉沒之紫銅電線，劈嘉陵正流而築堤廢烏木灘之故事。自南充而上至南部縣境，離縣城五十多華里，屬有雙龍鄉之烏木灘，是處江面太狹，彎曲過甚，江底裡有兩根腰圍二丈、長達十多丈的烏木，在枯水時烏木昂頭江面，激起水流，成為險灘。上水的船千萬不能「打障」，下水的船千萬不能橫身滾下，極易翻船，比距離下游三十里外貌兇險之石鴨子灘沉沒船隻之紀錄為高。張君在烏木灘上游半里許的岔道發現了嘉陵江的正流，於是疏濬正道，阻塞烏木灘頭上游半里的彎道口，使烏木灘八里支流成為乾涸，江水仍循正道下流，烏木鋸成三段。

颱風（苗志周東台交通三害）：熱帶氣旋大約在北

緯五度至十五度之間，因受太陽直射，整個大氣環流風勢北移，並因地球自轉偏轉力的作用，在北半球逐漸偏右，而成西南風與東北信風，方向相反，同時南北各半球之氣流不等，以致兩種風系之間形成一種不連續之局面，由於動力學及熱力學之作用，遂造成熱帶氣旋。氣旋中的氣流向中心合聚，發生一種強烈的上昇氣流，於是氣壓向中心急減，風力增大，兼熱帶海洋空氣溫度甚高，在急速上昇時，因為絕熱冷卻的作用便凝降驟雨，再因凝結而放出的潛熱又增加氣流上升之速度，如此逐漸發展，超過了十二風級，就成為一個颱風。近有科學破颱風之法：（一）在颱風胚胎時期用大量炸彈或原子彈對初生颱風轟炸，使附近產生一強大之人工氣流以消滅之；（二）飛機裝載乾冰，於初生颱風境域上空，使生大量的人工雨以消滅之。

台灣地震次數：氣象所統計台灣平均每天有有感地震一次，每年 327 次，無感地震三次，每年一〇八〇次。

下午臥，吳瑞生來商訂婚事。二時許文耀來告一時四十五分，錦姪已在鐵路醫院樓上第五號房生一男孩，重六磅，謂是未時生。伊送錦姪往院，院中人言需小孩衣服，比歸取衣服而小孩生矣，母子平安。余以施氏單傳，文耀今年四十，方得是子，非常快樂。予之二房大姑母適葉因培，因培姑丈之長女大阿姊適施曙雲，曙雲止生文耀，大阿姊年將七十始得此孫，老二房今惟陳蘊華外甥及文耀表外甥是嫡傳。祖姑母適錢師久者，生二女，無子嗣，新謀姑母華適顧耀翔姑丈者，生一子奎，早夭，如在世與余同年。佐伯母生子紹箕、紹裘、三官，均不育。二姊適因培姑丈之長子，興哥夫婦均以肺病卒，生一女淡如，不育。南姊適陳駕大，生一女蘊華，適龔來尼，已生一女。故此子在施氏、狄氏皆極珍貴。晚飯余加蛋二碟，並略飲酒，以誌高興。日間曾將喜訊函告令奐。

3月4日　陰，間晴

晨攜糖食往鐵路醫院第五病房，錦姪在窗前躺睡，小孩張雙眼，面頰白淨，不若昨午生者，睡在母旁，謂昨夜哭甚利害，余送去被未用。出，到黃小堂家，其同居毛姓亦生男，昨詢袁永錫夫人亦生男，不知談龍濱、黃保昌之夫人生男否也。余到鄭味經家告知此喜，同鄭澈、林在明行街，歸途購字典一冊。歸寧園得錢探斗電話，約往打牌，余至最後四圈始挽回頹勢。十時半返寓浴，天氣回暖，易薄被始能入睡。

昨晚邱紹仙引孫再壬來余床前談話，送來香港陸祁為治印，云陸君在港售五香豆為生計，此次所刻比上次活潑。

昨夜余又吟成詩一首：

施氏彌甥生

海外平添一脈親，寒流南襲擁麒麟，
漫山鵑與櫻俱發，大陸音和信正堙；
翁字頭銜因弟得，飴情懷抱慰始真，
老夫醜狀兒休笑，齒豁頭蓬額上皺。

3月5日　晴

晨粥頗有焦香，進二盂。八時半到中山堂，遇侯成、□□□、胡光炳。今日第六期軍官訓練團開學，余搭郭鏡秋車至陽明山，過士林後遇霧，路上有兩佳處：（一）轉灣處有疏林；（二）有竹樹作屏障處。余於實踐學院宿舍尋林鼎銘、張翰書、馮葆共等，諸人食宿有節，皆龐肥心喜。十時總裁主持行禮，命人讀三十九年十月二日所講建國建軍必先確立制度，造成風氣。余得上台坐聽，惟於總裁申述時諸人皆肅立恭聽，余亦隨之。讀者讀圭臬為圭皐，下讀題目兩次，知其非通品。十一時同鏡秋至後山公園，此園已歸陽明山管理局經管，煤業公司之葉君已調回，門口有賣橘者，似比以前乾淨。鵑花羃澗，櫻紅蔽天，時霧尚未解，數處紅雲隱於輕綃重縠之內，下則奇樹頑石，清流急湍，徑路幽絕，時跨小橋，過者極閒適之致。游覽一周乃回城飯，送錦姪以雞湯。下午臥，徐香英、黎子通、吳瑞生、虞□□來，同徐、黎望錦姪。送香英回植物園，繞圈一周，伊語我少年被綁事。歸途入雷孝實家，供麵設果，知為其女少華生日，余並得見賴景瑚之女。步行歸，遇王健菴夫婦及其兩子，今日陸味初請飯，余備乾琴酒及西瓜。瓜畢，余到孝實家送詩二首，遇王節如。後到鄭味經家吃寧波湯圓，芝麻豬油作餡，名曰黑洋酥。食畢，同秦啟文步回。今日味經少女倒翻半瓶辣油入腳趾中，覺痛，女知口中過辣可以糖解之，乃以糖搽腳趾中，憨態可笑。回寓，浴後即睡。

訪雷孝實值其女少華生日賦詩以紀

櫻熳紅雲山半揚，臺員託跡比壺長，

聰明漸解娛親最，試畫長眉學上妝。

望之夫人教余勸孝實止酒

負手書城行未宜㈠，他鄉止酒亦違時㈡，

然須勉塞夫人意，復國需才惜鬢絲。

㈠葉楚傖止酒詩

戒酒難於見酒時，最難還是雨絲絲，

例如插架書千卷，負手閒行總未宜。

㈡李白客中詩

蘭陵美酒鬱金香，玉碗盛來琥珀光，

但使主人能醉客，不知何處是他鄉。

3月6日　晴

晨院會，以無案可議改開譚話會，請鄭彥棻報告美行觀感。院長劉健羣先請各委員會趕出案來，以免時間空度，無績可尋。又請開會時肅靜，以便議事，省得伊當主席連做結論亦聽不到，話頭稍嫌重些。予正寫一「嗄」字，引近座諸人發笑。而李郁才以程序委員會未決定開譚話會，胡鈍俞又說院長所云不能接受云云，福建人丘漢平又上臺發言，余見不是頭，乃回寓休息。陳志賡來，云既而鄭彥棻上臺略說數語而未作報告，有一人報告三七五減租情形，即散會。余評：（一）鄭之報告宜分別於外交、僑務委員會為之；（二）會場以外宜有委員休息室，以便譚話，今用紗格擋不住聲浪；（三）各委員會在集會開始，宜由舊任負責先提出案來；（四）劉、鄭之遭反感，皆由平日自取，而立法委員中於危時對小事亦太認真。余於飯後向樓佩蘭述之，佩蘭以為通達。余於佩蘭寓食佩箴夫人所帶來之松子，頗足消閒。

馮正忠約同院之到過法、比、瑞者在博愛路美而廉敘餐，到約二十人，議在馮寓設一通詢處，將來舉一在台北法比瑞同學聯議會。席間竇子進講笑話：（一）洋人不懂咬字，云狗在余腿上吃飯；（二）洋人說不出雌雞、雄雞，語其僕曰，我教你購師母雞，奈何購先生雞；（三）某廚欺洋主人不懂，熟鴨時先撕一腿，謂中國鴨止一腿，並於鴨睡時止伸一腿，請洋人觀之以為證，洋人見之高聲大笑，鴨驚起而雙足現。主人曰善欺者廚也，廚曰汝吃飯常扳起面孔，如亦同樣大笑，鴨雙足見矣。張道藩講洋人比方與屁放聲音辨不清楚之笑話，鄭彥棻講：（一）美國一切頗用機械，旅館中入內用一鑰匙自尋臥室，過道門行近時自開，過門則自關。一切皆用電話，甲部門不管乙部門之事，號碼繁多，一不小心便易致誤，與中國人完全恃人力者不同；（二）聯合國發言同時可譯五、六種語言，聽者扭那一門即聽那一國語言，法文近時頗不景氣，西班牙文則頗有用之者；（三）我國不注意中南美小國，與之不發生友好關係之非。

佩蘭於其寓中述一蕭姓孩因早喪母，而夫後娶為一有美金收入之女子，父權旁落，家庭生活懸殊。孩十餘歲已知行為不為罪之年齡，竊人家鴿子寄與兒童犯罪同黨之某人家，失鴿者逼其父賠六百元，孩先還鴿五隻，逼急又引父往同黨某孩取還另一鴿及鐵籠，謂其父曰六百元在是矣。既而其母失一翡翠戒指，孩命其同黨出售，同黨祇云售六十元，孩得三十元，尚以二十元請其同黨，孩亦謂其同黨貪汙，擬不理之。最後則竊得某家手槍，將擊殺其父，幸不識手槍保險機的作用，怒而將手槍敲斷，未釀大禍。此孩佩蘭云送兒童感化院更易墮落，余謂其智識及判斷力未泯，可以引入正途。

史曾融死溧陽。得史祖鰲書：祖鰲與史曾融自勝利返溧主持溧陽黨務，曾融當選縣參議會副議長。黨團合併，曾融為縣黨部常務委員。卅八年四月匪軍渡江，先陷溧陽，融兄乃退居上海，與鰲同居南市。上海陷入匪手，處鐵幕中，精神痛苦。去年三月曾融不幸被捕，拘押於提籃橋監獄。十月溧陽土地改革，押返溧陽。匪軍為鎮壓反共人士破壞土改，乃大開殺戒，過去黨政人員及被稱為地主富農者，被殺不下五百餘人，就過去之保甲長人員加以匪特罪名，非法槍殺。曾融亦於舊曆十二月十一日在埭頭公審大會後執行槍決，狀甚淒慘。

前日在陽明山實踐學院遇芮進，云張為公在溧陽被匪腰斬。

夜飯後出門，天下雨點，不敢遠行，到榮元與張伯雍、夏伯祥、洪亦淵等閒談。歸寓，覆金秉全、狄醒宇、史祖鰲，並致朱福元、王國棟信。

3月7日　陰

早粥後到立法院參加財政委員會，略發言，被推審查財政收支系統法。十一時返，閱報及雜誌，有記過敏性 Allergy 者，謂過敏性現象之發生因人而異，有人祇顯於皮膚，如濕疹、風疹等，有人損及氣管，有人耳、鼻、眼、腸、胃發生障礙，有人損及腦的運動中樞，而發生抽風或痲痺，亦有損害其他中樞而發生偏頭痛，更有的損及腦的額葉的精神中樞而改變了人的性情及脾氣，以致造成性情不正常的兒童，如能作過敏性的檢驗與治療，可望全愈。

銀繩：聖經上指連繫我們靈與肉體的東西。

水晶 X 銑：測試橡皮鞋踭、爆炸導火管、兒童罐頭食物有無真空及缺點之器，此器之主要部分係一件硫化鎘（Cadmium Suphide）人工長成的水晶。

那馬：南斯拉夫代理商店之名。

工商日報載港政府社會福利局童犯懲教主任濮德純發誘導兒童改邪歸正，云赤柱兒童感化學校即為此一目的而設，最要在處置之前，調查其身世、家庭狀況、生活環境、知能、體質、教育程度等等。這種調查工作自難令人滿意，最好有一理想的地方加以察看，那地方須相當的舒適自由，有時令其返家而加以督察，有時須稍稍改變該童犯的生活方式，為其物色學校、職業，或俱樂部或特殊學校，以期洗心革面。邱吉爾一九一〇年曰從某國人民處置犯罪和罪犯的態度上，可以考驗出該國的文明，例如平心靜氣地承認罪犯的各項權利，執法人員不斷地探索罪犯的心理渴望，已經受罰的罪犯重歸勤勉之境，孜孜尋求供罪犯立心遷善的辦法，以及對於「天生此才必有用」，篤信這些態度，象徵該國積儲的國力，並反映出該國人民汎愛的美德。

五時至中華書局譚話。七時陳辭修、張亦武招飯。飯後喬鵬書來閱詩，伊致慨無元氣淋漓之人，伊教我日本詩之一、二、三、上、中、下等注字，是讀時先後的記號。路平甫今日來台北，帶來朱君之上裝衣一件。

3月8日　晴，四時後雨

晨王子弦來，約明晨赴黃仲翔處，同出行街，在重慶南路別子弦。余入中央黨部參加工作會報，七組、幹訓、紀律、設計、財務、黨史及台灣省以次報告，迄一點半始散。於統一教材，總裁指示已有教材者取來研究，新開學校用統一教材，不要硬性規定，以引起教育界對本會之不滿。於延攬人才，總裁指示經費應用在文化上，尤其要注意黨外的人，香港有學問之人應請其來台，祇要得其同情為黨工作，不必請其入黨。於訓練則鑒於以往各種訓練，當時雖似收效，日後毫無結果，今後當注意個別訓練，寧訓練一人而有用，不要訓練十人而無用。訓練之所以失敗，在籌備研究工作不彀，我辦圓山軍官訓練班請日本教官，日人謂某事不能即辦，必需準備數月，經準備者處處聯絡，目標齊一，固能收效。余引日本人參觀陸軍大學，各人授各人的課，勝似兒戲，此宜深切注意也。最後則發本年度黨的重心工作與高級幹部應有的責任兩訓，請設計及紀律兩會注意成果。本日徐柏園報告中改年預算為一千四百八十萬，自成立至今已用二百二十六萬。余在席弄筆頭，寫會場群相一打，送給袁守謙保存。復與羅志希寫名詞為樂：欲哭無淚的張其昀，嬌小玲瓏陳學屏，不整齊不嚴肅的狄膺，長相等的曾虛白、袁守謙，短相等的鄭彥棻、郭驥，重量相等蕭自誠、崔書琴，改造委員長曾虛白，不怕跑不怕講的鄭彥棻，拍桌子放機關槍的谷正綱，往香港走政治單幫的洪蘭友，以請客完成審查工作之袁守謙，靜坐參禪之李文範。

Pegasus：希臘有翅飛馬，議桌上鉛筆牌號。

偏差：中共用語，謂差一點爾，尚雅相可用。

聲音相同：好壞與號外，新聞與身份，太陽與腿癢（無錫人更甚，志希云）。

回寓飯，飯後徐香行、劉子澄、錢探斗夫婦、郁佩芳均來坐。

劉錫五在民主憲政雜誌撰嶄新的科學觀念一文，中述新的科學儀器、分象顯微鏡 Phase Microspse、質量分光儀、新真空管、迴旋加速器。

電子顯微鏡：放大二十萬倍，火柴可放大到四英里，蚊子像 B29 型超空堡壘。

分光儀：最初祇能明白自紅到紫之光譜 Spectrum，其次則能在紫色之外，能看到紫外線 Ultraviolet Ray，而在紅色之外又可以見到紅內線 Infrared Ray，此皆肉眼所不見，可是分光儀可以發現他們，將其挑選分類而將攝影的方法使之顯出。現在科學已經進步到定造分子階段，以前不過將一些化學品混在一起，多少帶有聽其自然的心理，現在能事前知道怎樣來製造一種具有所需要特性的物質，科學家在大自然只不過能找到而認明幾萬種分子，現在懂得將各種分子互相分開的道理，可能製造出近百萬種新的分子。物理學家應用分光儀來探討原子結構的主要情形，而化學家利用牠來研究如何將原子們來配合成分子。

四時許郁、張兩君又來，余偕往第一劇場擬觀影戲，二場已滿，三場需六時四十分，遂放棄不觀。在延平北路購物，三陽春吃麵。天雨，余乘七路先返，張乘局中車亦返，郁不善走而呆滯，久久不歸。余在錢家飯，飯後打八圈，三十和底不賣買自摸雙而結帳減半，余小勝。回時已十一時半。本日朱鍾祺送來酒釀，焦立雲以下午四時送去酒釀波蛋與錦姪，顧儉德夫人來取去路平甫為購洋裝上衣及余贈洪叔言之米。徐向行來，約星期六到朱慕貞家飯，劉孟劬約星期日到伊家飯。

3月9日　晴

今日立法院無會。王之弦來，引余到車站旁乘赴中和鄉之公共汽車，過川湍橋而至中和鄉，在廟美街後園見黃仲翔夫人，略坐。余與子弦坐三輪車過南山橋，行二里許為圓通禪寺之石砌路，有級者二段，無級者較長。先過一未竣工之路亭後，見寺左右壁上之大書深刻佛字，再上，山門亦未完工。尼披袈裟者三，方為亡人誦經，有一女呆想其姊姊，似新逝。有一圓臉女尼引余等洗臉，在客堂茶，客堂後為女尼房舍，頗整潔，不留男居士宿。大殿供釋迦牟尼、阿彌陀佛及觀音，余誠心禮拜，祝姊以下家人均平安。殿後廊角上為過道，殊清潔，付香資後即歸。仲翔自市返，同飲酒食飯，有鄰居某婦供下女，頗白淨。飯後讀黃夫人詩三首，同仲翔、任覺五夫人及季同志入城。余自公園路下，入中央黨部，先同虞克裕論從前所辦訓練緊張，與人生隔離，所以無效果。三時黨政關係小組討論管理從政黨員辦法，蕭自誠提出對幹部分子如何，余謂宜另訂幹部似較為親丁也。次討論中央省縣提出之對象，眾主分列，其立監委員之候選人皆省代表大會來決定，余則主中央宜拉住一半。余擬二條交谷鳳翔：（一）曰每屆立監兩院委員選舉之前，本會宜就兩院之成績及宜改正之點作一通盤之打算，透過各該院同志擬定修正各該院組織法及選舉法，並將修正意義宣傳於黨員與民眾；（二）各省市候選人未投票表決前，須經本會之審查。五時散會，余往尋錦姪女，已能起床小走動，新生兒正入睡。余又尋劉文川，未得，殆已返寓矣。得顧福田書，伊下月或赴南洋及印度，二月十八日託陳法禮帶來毛衣褲頗合身。夜飯後同錢中岳赴第一劇場，未得三場票，四場終了在十二時，余乃放棄。步延平北路歸，入榮元小憩，乃歸寓。

3月10日　晴，晨微雨

晨至中本為中監會同人取利，下午林潤澤來取去分給，於此時足助日用。至立法院，討論中央銀行可發行短期公債以伸縮信用否，余主不必。余意（一）調節金融市場，有銀行承兌票據及農工商業承兌票據及財政部債券為已足，今中央銀行以我國商業票據未盡發達，公債價格又欠穩定為理由，正是反大陸後必需做到發達而入穩定者，若開了此門，虛應者加多，實際者不注意，非計之得；（二）政府與中央銀行幾為一文錢之兩面，短期公債發行，人民不見得樂於接受，結果則塞至往來銀行，增加其他銀行之痛苦，倘以高利或打折扣老法來發行，則流幣更多。同余主張者劉全忠、白瑜，不同者文羣、崔唯吾。十一時余回寓，下午天暖，景物晴美，徐向行來同余往朱慕貞處飯，先至新亞食點，定一雞湯與錦姪明日午飯。到慕貞家，劉季植乃會燒菜，菜以鹹肉、紅燒肉、細米山楂湯為佳，飯後進水果。朱人□送余回寓，余託伊交蘭伯洋火兩小瓶。夜浴後久久乃得寐。

3月11日　晴

晨食粥，同路平甫、秦啟文得吉卜車，至陽明山眾樂園食吐司及小籠包子，以吐司為佳。孫多慈及郭驥夫人攜畫具求搭車，候余食點畢而上車。車油不上，孫另雇車邀余而至後草山公園，鵑花尚盛而繁櫻已謝，遲開之櫻則燦爛枝頭。余遇趙志堯、陳雪屏、徐柏園、曹聖芬、傅啟學等，孫振亞為余攝影，梅嶙高贈余牛肉干。余且游且待，秦、路乃來，同游園一周，以樹陰下、溪水邊、綠苔、湖石等處為佳。游人擁至，終嫌太多，比出門而路上成群結隊者來，若游行隊伍，有持假腿之高短腿女子亦來游，真能自得其樂。至眾樂園，而修車未能開動，乃雇回空車至北門。歸飯，飯後臥。臥起入鐵路醫院五號病室，錦姪一人在室，餘床皆空，新生兒正熟睡。余出購西瓜，同啟文攜至錢家，贈錢、王各一，在錢家打牌至六時。往劉孟衢處飯，遇陳泮藻學兄及孟衢之舅，孟衢婦治菜頗多。飯後尋孫秀武，不在家，再至錢家打牌，至十時乃回。

3月12日　陰

總理逝世廿六周年。余六時即起身，走至西門國民學校乘四路車到廣播公司尋馬曉峯，曉峯已出搭公事車赴省政府官產保管處，余乃回中央黨部書一條，叫劉和生送去。余得華壽嵩信，內政部整卷，約馬君見余部長一譚也。余在黨部參觀合作社及職員三單身合一房及家眷宿舍，祝敏房在樓上。胡光炳陪余行，云萬耀煌、王東原皆貪汙，不理人口。余同郭鏡秋、沈杜光乘吉卜車赴陽明山，先換胎後加油，至嶺頭而雨，有疏樹處境殊佳也，此外有竹徑處為草校前山仔後。余等本擬入眾樂園吃甜包子後即參加紀念周，總裁叫人讀張其昀在中國一周上取載「建國大綱的頒布」，太息總理國家建設一書未及寫成，但觀建國方略，鐵道交通及重要建設各中心即是國防計畫，觀朱執信所筆錄之中國存亡問題，尤其最後二段便明白外交政策，外交在中美日聯合在一起，國防注意西北與西南，蘇俄侵華，民無噍類，總理早知之也。至制定建國大綱宣言中有實行之方法與步驟，共產黨不但有方法，且研究技巧，我黨不能及他，願忠實黨員深切研究總理遺教。會散，余隨君佩先生車回寓，食酒釀波蛋。今晨曾在吳道一寓啜厚粥一盂，黃豆及醬蘿卜，所吃殊苦，精神可佩。下午沈階升、王豐谷、鈕長耀、何尚時來商中央日報查點及蘇松太同鄉會發第二期通知事。余到開封街九十九號為吳瑞生訂婚蓋印。夜，秦啟文請王健菴夫人，余陪客，紅燒雞燒得不壞。暇時陪廖夫人打牌，夫人受楠才神經性精神虐待，極痛苦，故為之解悶。

3月13日　晨陰，下午雨

晨立法院會討論縣司法處組織條例、三十六年九月屆滿未及延展之補救問題，民刑法、法制兩會原報告謂廢止有年，余上台辯正為失效，且同意陳顧遠之主張可以追認，結果修正文字通過。兩會之主張徒表示政府間不一致，矜才使氣，謂追認是特開惡例，亦過甚其詞而已。十一時余返寓，在寓飯。周春星攜孩來，云將赴香江住兩月，孩之綠絨繩大衣係雪寶自新加坡寄來。下午臥，臥起作書通知周德偉、杜光勛、延國符、楊一峯、陳顧遠、張金鑑，請參加後日歡迎錢思亮餐會。余自立法院發信後，入第一劇場觀不屈服者，女主角先為販奴者弔鞭，次為紅人弔灼，又有自瀑布中逃走驚駭鏡頭，全片演兩點鏡以上，頗動人。余於影片前後皆歸錦姪處望新生孩。影戲館前遇洪姥姥，歸途雨甚。

院會時，彭醇士交余仲肇湘父少梅成都詩婢家詩箋譜，有癸未（卅二年）秋沈尹默題簽，趙熙題鄭箋詩譜四字，謝無量於是年夏題曰今藏書家競推蜀本為最古，不知蜀中箋紙之製，雕繢精絕，唐以來詩家以錦江箋託之吟詠，而薛濤作箋亦有名實，遠在雕板之前，宜視蜀本書為尤重。製箋主人鄭伯英華陽人，跋曰鸞牋十樣，文史足徵，至於近時榮寶齋、涵芬樓雕績精絕，而蜀牋反鮮流傳，因製箋譜為上下兩卷，上卷古人名作，下卷時賢名作，摹刻皆由真本，設色純以畫料，出版五百部，偏次出售，古雅有趣。其中印陳衡恪者花卉八種、山水四種、行書二種、墨梅二種。製版者大邑余海如、華陽陳澤川，印刷者成都張丕榮、張汝卿。楊千里乙酉十月題師曾梅云，靈脂點墨畫瓊瑰，絕藝人天去不回，畫扇應藏三十面，已隨焦土付塵埃。題竹云，一枝一葉孕風霆，舊館（師曾歿於金陵，余尚留北平，屢過槐堂檢點其遺作）蕭蕭幾度經，一段交情真草草，貽箋十幅九飄零。丁亥冬日方湖汪辟疆記云，程穆菴囊在舊京，與師曾過從甚密，然余每過槐堂，迄一未遇，及偶檢顧廬詩稿，口占二絕（詩不錄）。張冷僧題云，風簾水榭坐吟詩，老樹當春發嫩枝，留得讀書樓畫在，故人荒塚草離離。跋云，與師曾同署九年，過從甚密，所作書畫隨手相贈，余亦隨人轉贈他人，惟劫後僅存讀書樓畫一小幅，此水榭中不知有清癯疏髯故人處其中否。又有署慈褒者卅六年冬月題云，往於余越園先生處見陳師曾詩稿及畫軸，歎為妙絕一時云云，詩不錄。余於民國七年任北京大學畫法研究會幹事，蔡先生聘賀履之、湯定之、陳師曾為國畫導師，蓋大士、徐悲鴻為西洋畫導師，師曾先生演講畫派源流，余為紀錄，通信稱余為畫友，又曾臨爨龍顏碑贈余。此人瀟脫清真，書畫天生逸品，以故感人甚深，其弟登恪、寅恪各具一格，以衡恪為最者。

尹石公丁亥臘八蒜山錄舊作，黔中詠早梅一律寫得有古趣，李晉芳七律一首有句云「徵詩猶勝布頭牋」，似為壽詩，寫得妍麗。夏承燾臞禪沉著，金鶴望七十四歲寫得毫無拘束，陳芷町寫意，陳曼若圓俗，陳天錫拘謹。陳布雷丁亥季冬書「西泠橋下打船過，幾隊驚魚出淺波，記得前游春水足，青錢滿眼是新荷」，不知是布所作否。

3月14日 陰雨

晨在樓整理什物。十時赴武昌街立法院黨部分組譚話會，眾主早成立正式黨部、改選小組組長，而於不開黨員大會攻擊尤多。韓同問昨日發言曾受林彬請客否，余曰無之，可見閒言之多也。進水果後即歸飯，飯後臥。臥起往立法院選舉財政委員會產生之程序委員，余舉陳成，結果崔唯吾、孟廣厚當選，陳、孟同票，陳抽籤落選，余為發票委員。至四時事畢，同樓佩蘭夫婦三六九食湯糰及甜包子，歸佩蘭家小坐，仍歸寓。坐車到金山街三十號應陳武民招宴，同席皆立法委員，聽武民講李玉堂逮捕狀，包庇匪諜係其在徐州娶之夫人為之，李懞懂致死。席間又聽陳桂清講捕河豚及網捕刀魚、鰣魚之不同，河豚子油炸後以手捺之，平者可食，卷者不可食，河豚最毒為油，而油特美，需煮透乃食。同席有武民居停葛師長□□，為同方先覺守衡陽者。九時席散，乃歸。

在樓佩蘭處見榮寶齋牋譜初二集，乙亥年壽鑈有序，內有徐燕蓀、王羽儀、湯定之花卉八種、齊白石花卉六種，用紙細潔，顏色鮮明，以白石老人之昆蟲為最出神，詩婢家製者遠不及之，惟兩面均印無題字處，不及詩婢家設想周到。

今晨陳雪屏云總裁云今年雙十擬召集全國代表大會。

立法院成立黨部，余編入第六組，成立之日鄧公玄組長張羅甚苦，余作三字韻言傳觀，不知何人批極妙，其詞云：

第六組，三十人，
十八省，五個女，
蕭君（文鐸，湘）長，黃君（節文，三十四，女性）幼，
最長者，五十九，
鄧公玄，做寨主，
備香煙，陳水果，
找不到，十六個，
開不成，最鬧火，
開得成，笑呵呵，
改造會，花樣多，
隨便說，隨便做，
開了會，就算數，
三千元，誰保管，
快組織，俱樂部，
吃光了，還跳舞。

3月15日 陰，微雨

晨起身食粥，閱書覺寒冷，乃出尋劉文川。已行近

貴陽街二段靠近西園路矣，問王育基家，老嫗不知，路人又亂指，乃到鄭味經家。味經嫂自做寧波湯糰之翌日病，以至於今，其翌日夜牙關咬緊，不知人事者，歷四小時，現日味經與小孩做飯，殊苦楚也。味經嫂云西園路為龍山寺側街，派其子引往，則西園路余同邱紹先曾走過，余始恍然。尋至五十七號之後房，文川攜繈緥女住一潮濕之房，同居一女招呼甚周。文川於三月二日產女，初痛二日尚在總統府辦公，第三日始往市立醫院，初產頗為苦楚。余贈伊最近出版之暢流，即回寓飯。飯後獲林慎明晚請帖，乃往新亞請改期。今晨章榮成（新亞股東老闆）來請明晚宴，景祿擬再約石覺婦翁、張玉麟，余請改在二十日，余並函約孔達生來臺北。回寓修達生書。昨晚得劉大悲書，大悲往為黨員歸隊，第一組查無卡片，令補繳有關證明黨籍之文件。余乃書一證明為是本黨黨員，隸里昂支部，辦理勤工儉學及里昂中法大學，與吳稚暉先生同事，總理逝世與膺在里昂舉辦追悼會，並反對共產黨徒之歪曲宣傳。持證明書往五條通請吳先生簽字。大悲四川敘永人，生民國前十七年十月二十日，民八至十二年得里昂大學農學碩士，十三年至廿年得巴黎大學理科博士，志願任農業技術及農場管理。

吳先生正在寫件，馬太太坐於側，牆上新懸正月初一何客為攝之相片及鄭芝龍出身及成功事業年表。譚外人不大明白中國內容，最好有人以卻兒司狄根筆調將中國各方面寫成二、三十篇小說，使美國工農均懂知美國之所為扙義在中國不算什麼。又談行蘇俄之政可以使大眾有飯吃，我亦欣慕，今僅少數人過得好些，而使多數人毫無自由，則亦不足珍貴。丁慰慈隨傅秉常至蘇俄，三年未嘗蘇俄指定以外之路，偶出門，人民知丁為自由頭惱者，雖在兩分鐘內亦必醜詆史太林一番，故每逢俄人與丁講話，特務必出干涉。既畢此詞，吳先生為解釋鄭氏年表各節，次乃講癸卯上海蘇報案發，俞恪士及子大繩通知出國，到大興里進士第楊晤俞及章太炎，自承章炳麟、鄒威丹於初六自投案，及伊上船至香港，莊思緘等贈款各二百元，得船到蘇格蘭，一九〇三年故事。講此事乃為陳粹明，女文人，求孟真夫人俞大綵介紹入台大教書事。陳、俞皆紹興人，俞為恪士幼女。

五時半北大同學會在泉州路鐵路飯店歡宴台大校長錢思亮，理監事及余約往者約三十七人，惟陳顧遠未至。錢君講赴法國尼斯出席國際大學會議，在法遇李書華、汪敬恆、熊□祥，述各人為學狀況。過美，遇胡適之、梅貽琦、朱士華及參觀各大學化學設備各節，大抵各大學感學生踊擠，設備不彀，教授待遇菲薄，易為工廠拉去，世界各國可稱通病。說畢，羅志希講一段北大精神，有醫科吳靜先講笑話，並講笑與早睡早起同樣重要。次為延國符、張金鑑、喬鵬書、董作賓、洪櫆，或歌或講笑話，盡歡而散。

3月16日　雨

晨雨，讀書覺寒冷。走往中央黨部，將為劉大悲證明書交楊佛士。在張其昀辦公室閱武嶺蔣氏宗譜六冊，吳稚暉先生為總纂，陳布雷、沙文海為纂修。吳先生武嶺蔣氏重修宗譜序云，家譜注重親疏，國史注重賢不肖，敬恆嘗謂譜雖注重親疏，主旨教其慎終追遠，欲使一族之子孫皆能型式其賢祖宗，而不流為不肖，用意與作史分別賢、不肖未嘗不同也。肖者於文為小肉，故於說文解字中，許叔重釋之云，肖，骨肉相似也，從肉小聲，不似其先，故曰不肖也。如此不肖之稱於家族為最適當，然何以相習而為普通之名詞，凡稱善者為賢，不善者為不肖，以人類全體固於一族遞相衍也。譜中特有者，附奉化谿口圖，詳墓穴、家宅位置，又有世牒書字、書號、書資歷、書生卒、書配之生卒與年、書葬、書著述、書子女名，功業學識別見事狀志。其不足者，女適人未詳，為優生學而作考查，嫌不能徵考。今總統介石先生名中正，譜名周泰，邱梁上蔣母墳已見周泰名刻石，余與說明方曉然。毛夫人卒，吳敬恆撰蔣經國母氏毛太君傳，蔣孝先係總統族姪孫，二十五年十二月十二日死於西安事變。譜係中華書局印刷，寬大整齊。十一時返，入台灣銀行賀徐柏園為董事長，王鍾為總經理，余入晤王君，搭莫局長車歸飯。飯後略臥，臥起徐向行、林同叙來，同叙擬謀事。五時余至中華書局說笑。六時至中山北路二段十四號林慎家，艾偉、田伯蒼夫婦及白上之等食火柴公司俱樂部菜，燒手常州人。八時去探秀武，伊候命，向采厭繁，王培禮、方肇岳一在新竹一在苗栗，兩頭往來，所得無幾。方子在板橋中學，日須往來，營養不足耳，□交病，方夫人在九龍血崩無錢醫治，正不可開交也。坐一回即返。

3月17日　晴

晨八時起身，為起身時間之最遲者。余於每夜移几床側，移燈斜映，閱各種書。昨晚閱唐宋小說選，王榭傳、梅妃、李師師、劉先生、陳生、大桶張氏、台妓嚴蘂、王幼玉、譚意歌、俠婦人、流紅記。半夜醒，又閱楊太真外傳至眼倦開，息燈入夢。李師師傳設想之詞用「若夫」，神氣十足，師師語姥云「若夫天威震怒，横被誅戮，事起佚遊，上所深諱，必不至此，可無慮也」。舉例用「但」字，韋妃私問曰「何物李家兒，陛下悅之如此」，帝曰「無他！但令爾等百人改豔妝、服玄素，令此娃雜處其中，迥然自別，其一種幽姿逸韻，要在色容之外耳」。此處重一「令」字，詞意宛然。余昨夢為黨無論政中樞，又在會中慷慨陳詞，詞意激切，方悔人或難受，遽自驚駭處醒，知是夢境乃安。晨起，秦啟文云為總統復職周年而會總統，因陳誠任職一年而飯，此一年當然陳誠支撐有力，但不如面加激勸，無所舉動為佳，即如獎一糧食處長李連春，糧食之上理有種種因素，努力者非一人，如獎勵各機構多數人，不愈於獎勵個人乎。余謂做周年是俗套，下以是捧上，上以是勉下，非三載考績之常，人民對行政及省行政不滿處不少，今見總統大滿其意，益隱忍不言，亦有流弊，如面加激勸而益畀以事權，使得放手做去，方為宏獎自上之道也。九時返錦姪處觀小孩，房東太太亦來抱引。余託中華書局下女覓一日間幫洗燒之人已覓到，而門牌尋不到，殆余寫不正確之故。今日歸問需要否，錦姪健康，謂可勉強省卻用人。現日略購熟菜為食，又怕人家送禮致備酒賠貼，又籌畫小孩隔吃奶粉，一切皆從省儉辦法，自是克難正道，但人世間趣味減少，且省儉未必無害，余不便多言也。自家出，至鐵路黨部晤章鶴年，並入路局晤秦啟文。乃至杭州南路一段111巷36號訪周佩箴夫婦，適張岳軍在客室，因談在港澳之人須有人往聯絡，不擁護國民政府者未必不反共。哥老會之於堂口，某處人家有堂口我則無者，則往設堂口，不如此，有意集中於自己旗幟下者不知集合何所也。反攻需人才，就台灣所有自不敷分配，須早為之計。最後岳軍云戒煙已十餘年，酒則未止飲，白酒殊不能飲云。出，坐交通銀行車到呂著青家，周、呂赴交通常委。余歸寓，周、呂又來坐。呂閱余詩，余留呂飲，呂曰異日。周云王鍾係王文伯（徵）之弟，文伯在美傷足。

3月18日　晴　星期日

晨食粥一碗，將出門，錢石年丈來，同步至同慶樓食炒麵與包子，包子四角一隻，比福建館、湖南館為貴。食畢，同方肇衡處，知秀武家燒飯之香亭回工數日，昨又離去，秀武出購菜，未晤。乘十二路至鴉江街九號，黃曰昉小姐昨值夜班，晨四時方歸，未起身，其母沖杏仁粉供余。出，至鄭家，明、頤做飯，有明蝦燒千張，味美。一時歸臥，三時至師範學院參加崑曲同期，仍以夜奔為佳，其人兼學刻石，令余書「文基治印」四字。同期場遇王祖庚夫婦。六時散，到居先生家，居夫人病足，同余飲白蘭地二盃。入雲和街九號飯，以王瓜燒蝦米為佳。梅仲先自羅東來寓此，王豐穀於余等飯後歸寓。八時半至陳伯龍寓，九時秦啟文來打牌八圈，食挑擔餛飩。十一時半得回空車，啟文付十元歸，余與秦各支出六十元，頗為快樂。

3月19日 晴，霏雨

晨阿陶駕車來候，到黨部時直駛向羅斯福路而去，以為余往陽明山去。陽明山之紀念周在上午十時，往往使中改之紀念周零落，余今日未接通知，可不往。入黨部，與秦孝儀赴奇珍閣吃湖南大包子及瑤柱麵，味亦平常，不知是子弦所云尚可者否。回中央黨部，倪文亞在紀念周作報告，台灣現有黨員八萬餘，幹部及女黨員嫌少。關於選舉，台灣同志黨齡淺，政治興趣濃，從政經驗少，提出候選人時地醜德齊，無可得決定勝利者，於是金錢多所耗而流氓資為利，極難使之無弊。會散，文亞送余回寧樓，余以倪任事勞，用心苦而不能暢所欲言，設茶勞之。中飯後中央日報王、張、馬三君來，沈、王兩君查核財產目錄既竟，有所報告，而張星舫、胡健中不至，遂流會。余電話藕兮，無賭伴，乃攜酒入中華書局飲，孫再壬能飲，邱、梁勉陪，吳亮言事忙，陳君齒痛，何子星、孫伯顏止嘗餘瀝，不足為暢飲也。飯時有清湯鴨及醬油筍及豆干，味頗佳，飯後食橘而散。余歸寓尚早，未浴而臥。劉象山四十歲成絕句卅九首，余為刪存十六首。

3月20日 晴

晨院會，實無要案，吳望伋等吵疏建事不應交經費

人初（1947）以為中共不是共產黨，而是一群農村改革家或土地改革者，既疑中共可能為狄托（英印集團至今還作如是幻想），此乃朋友看錯了，而我敵人十足證明我政府看法之正確。共黨又指國民政府是一個守舊頑固和專制的集團，由於我政府之努力，最近美國態度確較好轉，然不能說前途已無危險。如中止於三十八度，中共如就範，是不是以允准中共代表入聯合國以為禮物。如側重西歐，認工業建設已就之地區倘為蘇俄所併，比亞州為重要。如美直接資助我游擊隊，勢將使我大陸分裂。蔣氏在美云北韓之兵力、中共之添兵皆足以使美國感棘手，我之所需為軍援、經援，而不是要求減少美國往西歐之人力。蔣氏並謂所謂反攻，非沿海掠擊之謂，蓋在大陸已起而反共，吾人接應而使得穩定之謂，故改造會之工作為使大陸人民均認台灣是我們之政府，且其設施足可使信為長治久安，公平民主，使有才者能盡其才，不於事權上有所牽掣，以致久任官者以消極為得計，雖有政府而無效果可睹。辭畢即散，曾虛白送余回寓。晨於審查會上晤蘭友，在港晤李福林，云許汝為說美人不助台灣之說，已心有所失，北伐、抗日我黨皆能團結獲勝，此何時乎，再可以分割乎。又香翰屏云在港澳之同志與其視為政治的反對台灣，不如視為經濟的不能來台灣。在宴席知雷儆寰有華北畫報，擬借來一閱。

昨晨胡健中送余回寓，譚勝利復員時，胡命馬星野接收南京中央日報，馬即以發行人員自居，復員員工原與約好為七十餘人，送行政院名冊中亦漏列，到達南京者多方排斥，並由馬之部下表現馬之成績，意謂不必要胡健中，此猶早說了傳位太子，而皇上因而被害。

中國內政載丁慰慈蘇聯如何統治的：

一、蘇聯政府對於國民的總收入，在國防性嚴厲管制下，個人的收入已壓縮得無可再減。

二、中上級人員沒有貪汙的現象，事實上不可能貪汙，也勿庸貪汙。

三、所有國民財富的收入都在接一連二的五年計畫下歸之於建設，建設的出發點是國防第一、宣傳第二、民生第三，所謂民生需要，行最好，衣次子，住又次之，食最苦。五年計畫的繪圖者曾被免職，據說此人在該計畫中曾提高了日用必需品生產數字之故。

四、所謂鐵幕也者，演譯起來便是人事的隔離與地緣的封鎖與文化的凍結。

五、控制的系統是以人控警，以警控黨，以黨控軍，以軍控政，嚴格實施效力第一、人道第二的政治。

六、強調愛國主義，發揚帝俄傳統，大肆擴張領土以提起俄國人的優越感及自尊心。

七、對於政治、科學、文化方面負責人的優待，及對於兵士、警察豐衣足食的注意。

盧布與美金比率，1947年十二月實際上一元美金應付廿五－三十盧布，市價為五－三五盧布。

3月22日 雨

晨粥時有雞絲拌王瓜、雪菜炒筍等菜。雨中往視新彌甥，今日第十九朝，比前略胖，晨尚安睡，自下午三時起幾吵至晚上十時，錦帆苦之，食波蛋二枚乃出。至榮元，洪亦淵云張仰之父子已槍斃，周序冬被殺，證實崑山日殺三、五人。報載朱某崑山黨團負責人，由吳蘊初夫人陪往登記，疑是敬之。十一時半歸寓。連日閱小方壺齋輿地叢刊，識生字生詞錄下：

芯提：草名，亦山名，古莎字，草亦似莎而小異，可以結蓑。宛平查禮有芯題上方二山紀游，自潭柘往。

垡：柿垡、榆垡、落垡，鎮名或社名，落垡社屬武清。

不惜：草履一名不惜，謂無所愛惜也，俗作不借者非（番禺江錫齡青城山行紀）。

枸芽羹、芎苗菜：江錫麟在灌縣中興場吃到，謂清香芬馥，沁人齒頰。

久視：長生久視之術。

褊衣盧帽。

雙弓米：道人供雙弓米。

蹶躄：蹶躄十餘里。

焙與冶同：冶鍊形，焙鍊味。

鴉雀口：青城山土人呼茶之至嫩者，即雀舌之意。

清單、安單：清單係道院之居士名，雖入道，實非終老林泉，借黃冠以遣興。安單則一身所需皆仰給於常住。

老人村：在青城山後八十里，游者須從漩口取道而入，有菊花井及黃龍岡靈牙。黃龍岡靈牙為靈藥名，折之汁出如血，餌之多壽。

白芨花：色淡紫，一莖數朵，花葉俱類蘭蕙。

扁蓄花：花狀類杜鵑，葉如菖蒲，作紫、白二種者。

棠梨花：有紅花類桃，萼叢生而柔蔓，葉近月季，香極酷烈。

重樓花：有綠萼如盤，其瓣六，黃心而長鬚者。（以上江錫麟在青城所見花）

斑筍：粗如兒臂，宜臘。

黃筍：色黃如金，宜泡。

筆筍：細如筆管而籜色青翠，宜炙。

肉筍：短而肥，心小而肉厚，宜烘。（以上江錫麟所聞青城筍）

洞庭之奇在山根，水小耗則奇小露，水大耗則奇大露。潘耒游西洞庭記，石公、石嫗，奇石無慮萬計，大率皆空，中多竅，水淫水漱所成。

藏識含攝，多生不忘：潘耒游十五年前舊游庵語。

碧螺峯：西山不臨水而奇者惟此峯。

石蛇山：在波心，登之始知太湖西面之雄闊。

林屋洞：大率與張公善權相類，而石質瑩潔勝之，稱為左神幽虛之天。

包山：四山圍合，重重包裹，故名包山。包山寺、毛公壇皆在林壑深處，毛公壇為劉根鍊藥處。

甪頭：有梨花三十里，行人上下皆玉雪。

銷夏灣：為湖內之湖，東、西蔡、圻村在灣中，積水渟蓄，自為一湖，廣輪九里。（以上潘耒游記）

無閡庵：庵額趙凡夫題，吳縣繆彤游洞庭西山記，繆先世自常熟遷吳縣西洞庭山。一作無礙庵。

茶山：於鄧尉諸山中最小亦最僻，自鐵山折而往，山高不數仞，廣不三十步，以其瀕湖，又得迴覽諸峰，遂為登陟之勝。北望銅井，地漸高，此山如箕，卷舌以出，眾山絡其背。梅花時，花聚眾山凹，千巖萬壑，坐而收之。李流芳曾欲買山建閣。（元和顧宗泰游茶山記）

條桑：長洲汪琬游馬駕山記，山在光福鎮西，與銅井並峙，山中人率樹梅、藝茶、條桑為業，梅五之、茶三之，桑視茶而又減其一。

礐：望見山半累石數十，或偃或仰，小者可几，大者可席，蓋爾雅所謂礐也。

彈山：在元墓西南六里東潭西。顧鼎臣葬此，鼎臣明嘉靖間人。亦曰潭山，土人呼潭。（武進邵長蘅游記）吾家山在彈西三、四里。

飯時素菜頗多，下午三時財政部長嚴家淦及財政廳長任顯群來說明財政收支劃分法。七時又在財政委員會說明國家與省之財政情形，國省與縣市年為十八億元，今年至三月提臨時支出約六億元。十時歸臥，嘉義站長來電話，報阿里山櫻花盛開，請往游賞。夜夢某訓練團在墦間，請余往參觀，屍氣觸鼻。

3月23日　雨

晨粥二盂。赴立法院，以正式會請蔣廷黻報告，李公權以憲法無此規定，謂可開譚話會。眾主昨已議決，且此人在外代表國家，何以歸國不可向代表人民之立法院報告。蔣報告助印度，不獲善報，助印尼，印尼承認中共，但各種投票均棄權，控蘇與美兩歧，代表團出席之，現為懸案，以及韓戰美援諸問題，惟對日和約則以非主管不能答覆，其警句則云蘇俄偽裝共產主義，實際為行斯太林式之帝國主義，又所謂狄托主義乃是共產主義加國家主義。十一時半回，飯後略臥。二時陶車來接，余在財政委員會譚笑，並與祝毓譚案。三時紀律會，開除變畔之立委，許蟠雲聞已被殺，席尚謙狀況不明，議保留馬景常，余謂應查，而諸人附逆情況已明，主開除，此外又討論整肅問題。散會，余如馬脫韁繩，車至錢家，竟忘立法院下午繼續開會。嬉圃歸云表決時不足法定人數，余亦逃兵之一。五時與四姑打牌，十時即返，余得車資五元。天雨，阿里山之游上下費時，秦啟文為打算一番，余決不往。

蔣廷黻報告中，狄托依舊是共產主義忠實信徒，惟不許南斯拉夫為蘇聯之附庸，狄托主義已在其他共產國家發生，法共、義共中有其人，即在波蘭、羅馬尼亞、保加利亞、匈牙利亦不少相信之者，蘇俄雖加以整肅，一旦三次大戰，各該國是否聽話大成問題。

近日巴黎四國外長會議討論德國重整軍備問題、東西德統一問題、列強裁軍問題、奧國和約問題，無論如何避免與蘇俄衝突，其中妥協可能性亦復甚少。

3月24日　陰

晨為車廂鏡架寫守秩序、保清潔等字，啟文於食粥後同余步往同慶樓吃炒麵。余往尋孫秀武，下女云出外診病，余即歸閱中央日報。艾沙在新德里云鮑爾漢雖名為新疆省主席，事實上軍政、民政會議由蘇俄駐迪化總領事巴米諾夫主持，國際共產黨土耳其斯坦支部書記戈林及伊黎總領事尼可里助之。蘇俄正規軍之在新疆者二萬三千人，喀什噶爾與伊犁正建飛機場，伊犁更建地下鋼筋飛機庫。烏斯滿同志二月十五日被捕，勢無生望。中午在寓午飯，仍吃昨請客洪長興賸菜，余指揮焦立雲略加作料，比前次有味。今日王科長藜青與王慕瑾小姐公證結婚，赴台南度蜜月。下女游鳳嬌調至螢橋某處工作，余與路遇，云返鐵路醫院診病。下午略臥，即到建國北路王家打牌，打得太累，吃得不佳，探斗極為注意抽頭，求多買一包香煙亦甚乎其難，王太太殊欠大方。夜，為俊回，帶回南部乾癟橘子，極甜。十一時半返寓。

3月25日　陰晴間半　星期日

錢錫元來商函桂率真請海軍部付兩萬元之一半，並為伊向銀行貸款。余皆持不可，為伊介紹邵佐新、周月娟求助，余留錫元共食粥。錢去，余購得西瓜送吳保容處。余至袁永錫家觀新生兒，云年初四生，亦重六磅半。出，訪陸京士夫人，遇薛慕韓，將往台南任溫麟所任校長職務。王國樑已送美金一百元與金秉全，秉全信中云沙谿汪集生遭槍斃。京士夫人不滿意蔡培元懶，余勉之。出，探稚暉先生，方熟睡，留侯佩尹於案頭，與陳次仲略譚即出。訪孫秀武，囑余不必再問汪公紀調職事。十二時余在保容寓請袁永錫夫人滿月飯，以雞湯百葉包、茄汁胡豆瓣蝦仁、燻魚及牛肉脯為佳，皆保容夫人所燒。飯後吃西瓜，極甜，方肇衡同飯之後抱一半返姨娘寓。一時半歸臥，閱交通新聞。

Rio空中運輸電纜車：在加拿大Sugarloaf Mt.與Copacabana Beach間有起卸貨物之纜車。

索倫：空中祕密武器之一，為配合雷達轟炸之量準器，配合地面與空中之電子設備，使機上人員在黑暗與惡劣氣候中仍能立刻尋上其正確之位置。索倫有短程領航之意。

潛艇：1620年荷蘭人狄黎發明，最近美國有潛行二十一天的紀錄。又有退伍海軍士兵咸寧發明長十三英尺，高六尺，能容一、二人之潛艇，呼之曰蛋裝。有電池推動車葉，作水底潛航，有封密式之車頭燈探照海底，而且還有毛蟲般的腳爪，以便在崎嶇不平的水底爬行，也可以爬到岸邊。可以在水中潛航二十哩，氧氣儲藏足彀一個人呼吸六十四點鐘，最適宜於海底撈寶、偵察敵情。

飛行人發明家伊瓦斯云，可以用跳傘的尼龍和鋼鋁穿插做成羽翼，用人力飛行，每小時飛行三十哩是可能的，他斜飛或平飛都可，只是很難定牢方向。

傳真術：1842年英國物理學家Alexandria Bain利用鐘擺的原理造一簡單之傳真機，1924年七月六日第一張紐約至倫敦橫越大西洋之無線電報成功。我國之從事於此者為梁賡平、程燿祺。

三時後李向采同孫□□來坐，四時秀武率蘅、伏來浴。浴後到李家夜膳，今日方子樵生日，余購麵以祝。

飯時有湖南臘肉，味佳。秀武又購沙丁魚，和薑、醋，食之似蟹。飯後余偃臥，聽聯合廣播共產黨所謂搞通思想為殺父棄母，恐寧兒之信中稱不為梟獍亦入魔未深之言，臨場偶遇此一格，亦身不由主也。九時回寓。

3月26日 晴

傅孟真生日，中央研究院歷史研究所在楊梅中學為之開會紀念，死之年為之紀念生日，不甚合理。先期有信來邀余，打聽火車需一點半鐘，本日有事未往。九時紀念周，陳雪屏報告第一組各況。十時出席財政委員會，討論台灣省內中央與地方各項稅捐統一稽徵暫行條，余發言對於私人營利事，一律使用政府規定之統一發貨表，認為係所得、營業兩稅外之加增條件，因此而增出罰則，使人民對政府增加憤怨。至本案須修改舊各項稅法部分，應分別修改，本案既經先行公布條例，可予成立內容，使統一稽徵有根據，可以改得簡單些。十一時半至吳保容家飯，吃昨午賸菜，甚美。回寓臥，臥起吳瑞生來，云伊未婚妻及岳母皆遷淡水河邊居住，余約其岳母來一晤。四時後中監會同仁十一人來余寓，余宣布存款用利母金歸中監會，又云克難期間尚長，大家須要團結互助。會畢，食廿三觔重西瓜之半，攜另半及酒至鹿鳴春鴨子樓吃鴨子以外之菜，酒罄瓜完，菜尚彀吃有味，諸人皆欣然，惟白中孚同志胃痛不樂。所食款為存款分利後之餘另。八時之錢家，共陳敏打麻將，余勝。十一時返，邱君在寓，圍棋未了。

3月27日　晴

晨粥既畢，錢十嚴來，同往三六九食湯包、甜糰子，請伊為唐文和刻印，購一起碼之青田石。入院會，胡鈍俞等搶救港澳等地流亡難胞案已入表決階段矣，行政院派余井塘、郭寄嶠、林彬來說明，請勿急遽成法律案，讓行政院來辦又不能痛快行之矣。文耀在院會場語我唐允宜到杭州謀食，戴貢三決回璜，唐丕汾（一鳴）所入無幾，不能在其寓多住。戴家自佩明以下皆討飯，靠自幼抱養給曾仲千家貢三女教書為活，曾仲千失職，不知何義，貢三信若訣別書然，可想見陷區之艱難也。晨在中山堂參觀為青年節而舉行之畫展、影展，攝影之佳者，蔣夫人慰勞傷兵，全部人物集中注意，頗為生動，又有兩號兵側影力吹，取題有力。

昨午吳保容的養雞同事說，雞在三以上的數目便分辨不清。

下午睡起，念鄉里事，頗悲動於懷，不欲赴立法院坐聽，書「離別是齣無尾的悲劇」於帳冊。四時歸視新生兒，已會動喁作笑。換衣後歸榮元譚笑，張伯雍說朱傳茗將來台。回寓飯，天熱不能穿袷衣，余之藍布單長衫適合氣候，如穿毛貨或派律司、凡力丁，皆不合台北需要。余頗思念竹布長衫，有人說廣東往時之水結布有厚有薄，為斷絲與棉之合織品，亦適宜。

丁繼榕在真理世界發表中東的戰略通路，說中東包含土耳其、敘利亞、黎巴嫩、巴勒斯坦、約坦、埃及東北部、沙地阿拉伯北部、伊拉克和伊朗，其重要性如下：

一、中東是歐亞大陸邊緣地帶的一部分，可以阻止蘇俄南出印度洋和地中海。

二、中東是亞、歐、非三大洲連接的所在，是三大洲的陸橋，以此為空軍基地，可以有效的攻擊任何一洲之要地，蘇俄也在轟炸半徑以內。

三、達貝尼爾海峽、馬爾馬拉海和博斯破魯斯海峽可以控制黑海到地中海的航路。

四、中東居紅海東岸，可以控制紅海及蘇彝士運河。

五、是世界著名地石油產地（一九五〇年伊朗產 3180 萬公噸，伊拉克產 620 萬公噸），現有自伊拉克的吉爾庫克到地中海東岸的海法和特里坡黑的兩大油管，另有自原油產地麥丹和柴丹通到亞巴丹之煉油廠，還有自波斯灣上的巴萊恩到黎巴嫩的西當也正在敷設油管。

但交通及飲水、風沙及強烈日光，於行軍均有障礙。

3月28日　午前後晴，下午三時又雨

晨閱報，無可欣事。九時出席財政委員會，討論統一稽徵條例，以此條例所訂為新台幣專行於台灣，施行期間定為一年。其意在將舊稅法擱置一邊，而將輕稅重罰之意在台灣試行之者，其統一收者，地方稅亦在其內，如余前日所主張列簡單數條，而不列稅率起徵點及級距，事實上行不通。顧昨已決議應以修改舊法為原則，此則留待報告大會文中，說明本院有重法之意，而事實上遭遇困難。十一時余返寓，午飯前同秦啟文飲酒，雖三盃兩盞，極暢適。三時到院，相菊潭年

六十三，召集江蘇委員選舉，資格審查委員仍推余擔任。疏建委員推儲家昌，余與張九如講擬推陳桂清，韓同謂恐陳不願任，故推儲君也。財委會又召集審查財政收支劃分法，院長於此時召集各召集委員譚話，尚未開場，余料一開場則一點內不能完了，余乃歸寓理髮。得俞成鍈信，三月十八日自支加柯發，云自 1947 年蒙鼎力協助已三年有半，1949 年冬日婚，今則撫育小孩，擬於四月一日往支加哥大學婦產科附屬醫院任助理住院醫師，為期六月，在外思念母氏，擬儘可能早日返國。郵寄一包裹贈余，內為餅乾四匣，黃色毛巾四條，手帕二，象牙皂、香皂各二，藍色梳子一。其夫梁維綱致余書云，現在支加哥大學研究經濟，賴美國國務院獎學金輔助，國際大勢已趨至第三次大戰邊緣，美國現已全部總動員，擴軍計畫原定 1953 至 1954 完成，可望提前於 1952 年完成，一般人觀察大戰明年爆發可能性最大。又美國現因加緊製造輕氣炸彈 H Bomb，此彈理論上早已試驗成功，今後係技術上製造問題，美國希望至遲於 1953 年完成，眾料蘇聯決不等此彈造成後再戰，此為大戰不出 1952 之另一推論。美國一時不會承認中共，亦不會支持中共進聯合國，國會共和黨領袖如塔虎脫 Taft、諾蘭 Knowland、Macathury、Whevy 及下議員 Judd 等均力主無條件援助台灣政府，惟因馬歇兒任國防部長，加以阿琪生主外交，一切國會援華議案均為封瑣。目前美國民意以美在朝鮮戰爭損失太大，且師出無名，主張用國軍打中共之論調漸行抬頭。倘此日到來，美國又將大量軍火援台，必要時可能以海軍援華，開闢第二戰場，彼時大戰又將合流，國軍回國有期，切盼此日能早日到來。

夜飯後同秦啟文至錢家竹戰，王夫人負。下女作濱格，油冷不彀甜，余感不快，乃回寓，浴後睡。

梁君信又云事實上美國人並不聰明，美國人祇有Smartness 之聰明，而無 Wisdom 之聰明。

3月29日　雨

晨乘十七路車赴忠烈祠，過中山橋之後讓小車走馬路，公共車走河邊泥路，司機莽撞，轉灣時車傾側，車中人相擊。至忠烈祠，見學生代表及遺族均立風雨中，官長在廊下。錢公來步行，於來時被阻，軍警破口大吵鬧，余勸慰之。行禮時總統領導，于院長病愈，亦來行禮，鈕惕生先生未到。禮畢，何子星送余回寓。十一時半至新亞晤孔德成。十二時至無錫五芳齋，姜伯彰宴莫紀彭三月廿九日黃花崗起義生還，居覺生、胡獻昂、獻羣、容民、鄭彥棻、李樸生、謝建華、□□□均來陪。三刻至德成處，趙友琴暨婦飲 Monny 法國陳酒，酒菜均可。二時半回寓，徐向行已來，既而吳瑞生、蔡培元來，時天雨甚，無可排遣。四時錢中岳來，乃同往台灣戲院觀影戲，戲散，入宴賓樓飯。飯後錢、徐各歸，余入中山堂聽王倉倉小提琴，演奏、小動作均好，未演曼聲哀怨之曲，有一女高音唱，名盧江心美，余聽至最後乃歸。風橫雨暴，馬路陷入處潦漿浸足。歸臥甚酣，蓋最厚被不暖。陰曆為二月廿二日，吾鄉謂之觀音報。

3月30日 雨

晨赴立法院會，購糖請丑輝瑛等食之。院會仍為出入台灣證勢將付審查，崔唯吾云自治通則擱置入台證，請立院不要管，似有人主之者。十一時返寓，飯時有菠菜魚絲湯，飯後得安臥。盛鑌之同實習王振民、周良言，盛言隨車實習之苦，一不小心便有傷損之虞，云日人管理時為實習人員設備較優，真是善政。又云為車長實習者表件太多，久之有不能悉理者，當時創立表格多為車行安全設想，今其中有不真者、錯誤者不可勝糾，總有誤事之一日。三時赴新亞出席蘇松太同鄉茶會，到三十六人，點、茶均佳。余將梁維綱信中大意宣布，最後推值月三人。五時散，楊校長明暉到余處坐。六時飯，台北票友晚會在鐵路局禮堂演戲，余往聽兩齣即回，座位太擠，又係專唱無武戲。

得陳宗周三月廿四日書，伊於十二月下旬已獲中監會港幣二百元補助，當有收據及謝信，並陳同此困難者有劉禹輪、呂治國、黃世全、關照祺四同志。宗周現營小商業，一腿不良於行，賴南海進士何石先用道家內功及針灸療治，診二月，大部就痊。粵省黨部監察羅偉疆去歲在港病逝，謝哲聲同志赴荷印，陳洪範同志五日前赴台，餘多留港，未有投共匪者，尚足慰也。

下午立法院會，對搶救港澳等地流亡難胞案通過第一條，其內容：（一）指定機構核撥經費辦理逃出匪區流亡各地之忠貞難胞；（二）入台審查應放寬尺度，簡化手續；（三）在沿海口岸派定專員聯絡；（四）如願往外國者，應接受其出國申請，簽發護照；（五）撥款予以緊急救濟；（六）指定地區使來台墾殖，並予協助。第二條將出入境辦法成為法律案，下次再討論。

3月31日　晴

晨到立法院，於財政收支畫分法審查會簽名。余往第一女子中學追悼張伯苓先生，王世杰輓云「威武不能屈，道義為之根」。光緒二年丙子，張先生生於天津，光緒十七年辛卯考入北洋水師學堂，甲午戰爭先生在通濟輪上，通濟輪易旗，先生離去。戊戌從嚴範孫先生，在其家設私塾。乙巳自日本歸，始辦第一中學，為南開之前身。戊申為光緒三十四年，南開成立，先生三十三歲。民國四十年二月三日腦溢血，卒於天津，年七十有六。葉公超為張之學生，有輓聯，末一句未穩。先生自海軍逃出乃葉所語我。九時三刻禮畢，余到中央黨部，在楊佛士、朱品三處小坐。十時一刻，同郭鏡秋車往圓山軍官訓練團，六日為第六期結業，總裁命讀三月十二日所講研讀總理遺教的要領，即介紹張其昀建國大綱的頒布及實業計畫即是國防計畫，中國存亡問題即是外交政策的講演，余重讀一過，格外正確。今日謂黨政軍各項必需踐履篤實於基本事項：一、從新做起，如一任科員依老法去做，則做到了次殖民地，已是上等成績，獨立自由國家決做不到。又說反攻以後要注意教育與司法。十一時半禮畢，余乘吳國楨車歸寓，圓山大直實踐學校位於山灣，屋舍背山面潭，吳國楨云潭即劍潭也，不知確否。余於會場晤余井塘，知伊一足高低，不耐久立，足病由於小時運動太劇烈，又說前日在立法院站答四小時以上，即感疲乏。關於出入證之放寬，余奉命說明，未及準備。又余過第五組，知為了自治通則，今晨警務處禮堂內政委員會作譚話。

張伯苓先生公祭，中華日報亦編逝世紀念特刊一紙。

4月1日　晴

晨車來，往訪于右任先生，正課幼子寫字。于先生謂余與麥克阿瑟同年而麥略長，均為七十三歲，而各有一十三歲之子。談未久，有客來，余受劉延濤款，坐樹陰陽光中。出，訪沈崇宛，不在家，見諸孩跳躍，不勝愁悶。沈右目祇辯光明與黑暗，不辯何物，所住房在泰順街十六巷，水泥滿路，不便行走。出，到顧儉德家，僅陸佑湘在洗頭，譚洪叔言事，勢將調一職務，如不允調則收入毫無，勢必出於拼湊月用，惟蘭伯漸具叔言信仰，近夫婦間安端多矣。出，到省黨部參加農民銀行同仁聯誼會，李子寬主席，余略說改造為反攻之本，互助為克難之本二義。會員提案有過於注重自身利益者。十二時後攝影，吃咖里雞飯，趙葆全未到。一時散會，引吳瑞生返寓，知其岳母與其夫已和好。三時至福州街十五號崑曲同期，室內唱曲，室外排球，余略聽一回。同雷孝實、徐道鄰返雷家私唱，道鄰能吹笛，默記六十餘齣戲，其父徐又錚好崑曲，一家人均能唱，道鄰亦講究此道。余等唱拾畫叫畫等曲，道鄰說崑曲之精華在生旦戲，伊盛稱秋江之佳。六時飲青酒，八時始歸，寫余分金，囑付明日起存金四十八兩餘將送臺灣銀行C字九十四號保險箱，恐一旦人與金隔絕，故先作處分也。以三十五兩餘充賓初獎學貸金、藏貞保赤養正基金及璜水中學及璜涇小學之用，另為許慎微妹立許卓女子自助基金，凡女子不得志於家庭，讀書、經商、就醫皆得貸款。書畢，請秦啟文為證明。十一時浴後睡。

得孟尚錦轉來綴英自南京三月廿日書，云好事甚多，勿再生氣。吳小姐已去教書，公望遷在北京城中，屋稍遜，寧馨來信亦好。清之返寧，令奐（醫愈腳上濕疾）亦到寧相晤。綴與穎姊曾往觀蔣天流「太太萬歲」電影，顧國棠夫婦已返，綴已與晤面，藉悉一二。張志蓬郵局已復職，二泉與老健在杭州。

4月2日　晴，間有飄雨

晨稀飯一盂。入中山堂聯合紀念周，郭寄嶠報告國防部工作，關於士兵待遇，一上等兵月十二元，立法委員所得幾乎是一百個兵。散會，出席統一稽徵，余主分類，所得二十五萬以上就其超過額課徵百分之三十不得，增加四十以至五十，財產租賃所得年滿一千二百元起徵，稅率照舊為百分之四，得通過。歸寓，知沈崇琬十時三十分來，留字悽慘。飯後睡起，朱鍾祺來，取去金四十八兩寄存伊之保險箱，王豐穀亦來證明。三時到審查會，財政收支畫分法，余主各級監督宜有條文，鹽稅勿照彭委員提分撥產區地方。五時半回，正擬外出覓食，李芳華以人少勸余在寓飯，添一盆炒蛋。飯後到鄭家，味經以病足到雞籠，其幼女輟讀工作，其夫人出外為腳踏車撞傷。歸途遇孫蒸民，無所事事。余入中華旅館，送凌念祖錄事通知，在鐵路黨部，月可得一百五十元，無膳宿。

4月3日　雨晴

晨改造委員會訓令，台灣出入證在戒嚴有根據，無須立法院制定法律案，以符憲法精神。余認為此一小題又大做矣，多做小題激使群眾憤怒，且放寬尺度執行之權在行政院，今不許議，港澳忠貞人士聞之氣沮，立法院他日遇重要案必有反應。余入立法院，遇晴皐正持準備之案請本組同志簽明。余於姜伯彰處得莫紀彭住址後，即往居先生寓，居先生乘海濱先生車出席國民政府月會，海老已準備演講，總統作訓話乃免。訓話中國防海關及糧食增產有褒詞，立監兩院不肯聽話則不滿。余極悶悶，知本日上下午皆為出入境案，余無可言者，乃不往立法院。歸寓，得何楚揚紐約寄來相，已盛妝，係其母同文送到余處。午至錦帆處飯麵，今日新彌甥滿月，錦姪燒了白肉。在綴英來信中，生子一節滬、寧、璜均已知悉，余及耀、錦均歡，小孩睡得甚酣。余即歸寓臥，臥起劉象山來譚高雄選縣長，黨所支持者已得選出，伊來略作休息。沈崇宛來述一眼既全失明，陶益珊對於釋放梅必敬尚在推託。五時後至錢家，同羽霄、探斗、啟文打麻雀，余大負。十一時返寓，浴後閱自由譚關於童時回憶及夫婦間者數篇，均有趣。趙葆全日間來訪，未遇。

4月4日　晴

晨立院審查會，余主提高遺產稅之起徵點為十萬新台幣，原為銀元一萬元，依官價為三萬三，依黑市則八萬餘，諸同仁就其他稅率云為五萬，亦合理，余依之。下午第六組小組會議，立法院正式黨部之組織形態，余以為全國代表大會之前雖不稱改造，亦臨時而已，如監察委員之有無、小組之人數、小組長與執行委員是否一人、小組之編排，皆宜成一底案，經黨員大會通過。四時又參加財政收支劃分法審查會，於專賣允地方政府為之，工程受益費可收至保養之時，皆主不必有此例外，使大陸光復後各省藉詞援例。六時歸，飯時劉象三來，留伊同飯，今晚食在來米，頗滑潤。飯後觀顧正秋演董小宛文明戲，非舊劇也，遇齊鐵生於後座。十一時歸，象三交余寄伊家用美金五十元，先寄二十元，後寄三十。日間鄔繩武、金仞千均來領去中監會節餘分撥，自前正月二十日張懷久先生宅決定分發之款，至是始發清。

4月5日　晴

晨至立法院，耀告我接到紫蘅姪女來書，即回迪化街取閱，則為三月十二日所書，皆不祥消息，錄之如下：

一、穎姊之土地財產被沒收。

二、斗南地主房子沒收。

三、馮壯公病重，恐將不起。

四、鄉下土改已完成，瞿大成、顧承祧、后學詩、錢寅階、陳士勤五人慘遭槍斃。

五、戴貢三為開明地主，起初害怕，現已返璜無事。

六、唐忍菴房子充公。

七、顧子磬太太昌奶奶作古，二太太依舊不死。

次述家人狀況，還算可以，錄之如下：

一、穎姊依令頤甥在南京，王清之腿上生瘡，在寧休養。奐哥在滬甚好，奐嫂在鐵路處生產合作社，工作也很忙碌。

二、二弟 150 萬收到，在家太平無事。

三、三弟生意很忙，延吉寒假，南旋身體長高了些，滄、溟哥哥均甚好，請勿念。紫蘅曾參加三八三十萬婦女大游行。綏芬在東北讀書，天氣寒冷，但精神愉快，學習也很緊張。嘉嵋讀五年級，小繡進幼稚園，小弟弟出痧子。

四、四叔甚忙，原熙前進，仍在蘇州中學。

五、霞姊姊隨顧承熙往明光。

六、大媽媽住顧子欣夫人家，曾自京來滬逗留幾天，現已返南京。

七、邁櫻在重慶甚好，因李先生生活發生問題，感覺經濟困難。

自乘九路車，下車擬答訪趙葆全，時間已迫十時，乃往中央黨部。原定今晨 109 擴大工作會議，總裁須以十一時半始到中改。討論從政黨員管理辦法，一因與幹部分子有關，二因總裁新有指示：一、賦行政院長以提名權，少所干涉；二、省祇管到主席為止；三、國營公營事業機構主管人員勿管；四、縣區暫不談。陳辭修任主席，就題討論，有不然之者交付審查，亦有不可者，辭修無所適從，乃走入原坐位，謂請另推人當主席。余與唐祕書譚譚組安先生圓渾處事之可欽，及總統宜中正周泰，多所顧及，少所說話云云。十二時返，開農林公司牛肉罐與職工食之。下午睡兩次，尚暢。三時至院，經濟組在開會。歸寓雷雨，夜歸錦姪處飯，抱新孫為樂，今日不哭亦不笑。歸，至榮元，張伯雍說今日清明，江蘇同鄉會等遙祭先烈，有僧人五來上供，與祭者合攝一影，諸巨公另攝一影。余極悲史融等無辜被害，今日又惜學詩、承祧，恐不能控制，特不往，時間亦不許可。

4月6日　雨

昨晚雨甚，睡得舒適。晨至立法院討論兵役法之修正，十一時余至雲和街七號閱王樹柟楊增新家傳。洪叔言需用驗血壓機，余自俞時中處借得，今日送往。取回送米麻袋，過顧儉德家，知叔言已得調材料處專員，可不簽到，於養病有益，現惟每月差用費二、三百元而已，於儉德飯桌遇蔣博如族弟夫婦。再回雲和街飯，炒腰片、醬蹄燉醃鮮、肉圓、菠菜，肉圓中雜以筍屑，台灣下女所煮，經張先生指授竟上海味矣。歸來搭一路車，第一車人滿不停，第二車擠不上，第三車遇李嗣聰攜長子、五子赴板橋看房子，五子有喘耗病，云是重慶所得，此病遇陰晴不定日發作利害。下站下車，見李君父子淋大雨中，李君亦以余挾一麻袋為問，風雨鳴雞，窮相畢露矣。回寓睡，睡起沈階升來商下星期一開中央日報監事會，余託路平甫帶美金與孟尚錦。五時半至中央黨部，同李君佩先生暨張壽賢赴青島東路十號裝甲之友社，蔣經國令政治部各單位報告工作，與余相識者胡一貫、何志浩，報告組織、訓練、宣傳、民運、監察、保防、康樂、官兵福利、克難運動、兵工建設、敵後工作及設計委員會皆有長短報告。陳辭修說了數句先離席，張其昀致結束詞，其要語謂政治部不但軍中工作，新國民之訓育亦其責任，因總理建國之基本在軍事，綿延民族在文化也。八時半返寓，劉孟劬來約飯，云陳泮藻約四月四日飯也。

人造雨：十二期拾穗載日月潭人造雨試驗成功，云人工造雨即利用乾冰及碘化銀之結晶體，使雲層中之水氣依附結晶並發生連鎖作用，漸漸成長擴大而變成雪花，下降遇溫暖空氣即化為雨。其乾冰之製造係中國石油公司嘉義溶劑廠產製溶劑，其發酵過程中有二氧化炭氣體逸出，去年四月、五月間該廠利用陳舊機器自行設計，先製液體二氧化炭，再製乾冰，即固體二氧化炭。於是由氣象所供給氣象情報，用飛機探測日月潭上流適宜地形，一月廿二日二時五十七分飛機到達武界上空，那時雲層厚度約為五千英尺。飛機在雲層上面約在一千英尺左右開始投擲乾冰一百五十磅及噴射碘化銀約五加崙，先投乾冰後兩三分鐘即出現一條帶形之黑雲，再噴射碘化銀後即又出現無數的小點，使空中之水蒸氣凝結在碘化銀之小點上而成為雨，通常需經過五小時或六小時。是日下午霧社一帶下午九時降微雨，十時以後雨量增加，直至廿三日上午十時，日月潭水流量杪速增加。此項增加證明人造雨之成功，其理由有二：（一）根據氣象分析，是日合歡山之東部雖有雨，但過山峯後只能有雲，不能成雨；（二）雨祇在霧社附近有之。

裂煉：煉油廠自原油經裂煉設備裂煉為汽油，高雄廠每日共可煉原油一萬八千桶，每日可達七萬噸。設備中重要設備為新合金爐，管易爆裂，須有美國貨。

戊基納劑 Sodium Pentothal、安密妥納 Sodium

Amytal：使罪犯神經中樞完全放鬆，於注射後吐露真情。此劑發明之始是在塔克薩斯州，有一醫生用莨菪鹼Scopolamine對產婦施行麻醉，在麻醉過程中其夫要尋一管秤來秤嬰兒體重，產婦能說出秤是掛在某處釘上。

2,4-D（2,4-Dichlorophen Oxyacetic Acid）除水草及田草劑：可以除99%，但對於棉花、大豆及蕃茄有同樣的毒害，用法每畝用六磅（〇・四%的2,4-D溶解在一五〇加崙水中）。

丙烷、丁烷：液化石油氣是丙烷、丁烷的混合物，是一種比汽油省費的燃料。

（以上四月一日出版的拾穗）

4月7日　陰雨

晨沈元雙來，云台灣文藝協會請其於國際大戲園月演出兩回，伊擬組織票房，置備道具，出圖章二枚，託為消售二千元，余答其不易，僅允伊演出時消票捧場。沈去，余乃往立法院財政委員會，正討論戶稅與防衛捐。余晤白上之，問金一兩逾千，鈔每圓逾十八元，何為耶。白答此為游資，無消納處，徐柏園上臺，僅允匯香港者可匯出港幣二百元，未計其他，此蓋試其上馬有何本事也。我執國柄者有一善性不治之症，不任單線放手去做，總是多邊巨細都管，實際不給專一權，看起來因為慮所用人無力，苟自己真懂得，有一制度未始不可應付，苟無真知而自己也無制度，則其糟可必也。十一時半回寓，飯後臥。王豐穀來送審核意見，張默君來商明日三月三修禊地點，余則候方氏姊妹來浴，久之不得。五時乃至錢探斗家，先吃酒釀小圓子、波蛋，次食飯，有燻鯧魚，飯後又攜回腐乳。王世勛夫人病胃痛，看伊吃排骨麵。陳敏病，同世勛、藕兮、桑圭、敦美同入新聞處號房內室探之，風疹塊服藥中毒，食物皆吐。伊湖州人，果夫先生同祖墳，家學閣裡在丁少蘭家之後門，舅父王仁山與沈補琴友善，補琴妾為丐頭之女，陳敏今晚如此說。諸人上樓訪朱虛白，余先回。肇岳、肇衡來浴，岳與王培禮明日赴新竹，苗栗中學春假已終了矣。

4月8日　晨晴，下午陰，時有霏雨　星期日

晨赴士林，於劉大悲家食麵包兩片，飲古古。晤大悲之姪，在台中農學院任事者，語我李亮恭被議，初判徒刑一年，復審無罪，其可議之處為初到台中未接收前之房飯錢，係被辭退教員所控，而李所請代理校長林某僭取校長之位，大悲尤不直之。早點後觀去年林星平所贈之蝴蝶蘭，四株存二，一株可花。入新蘭亭，蘭不如去年之盛，今日起仍開展覽會，星期日則下午開放，余約徐向行於早晨來觀，誤矣。留片於門口，復關照警衛，恐其不能入也。余同陳子仁閒談，十時觀高級人士來做禮拜者，董顯光、王寵惠、張羣、吳國楨、鈕長耀夫婦等。有新補上海區立法委員錢劍秋，非信教徒，同余談伊於魏道明主台時曾來台北，受鄭毓秀盛大招待。既而立法院選舉，中央原指定上海區婦女候選人祇劍秋一人，眾賀以為必得，乃選舉前四日，鄭哀於王寵惠、孫科，中央復補充指定二人，鄭在其內。開支票至

一百八十億與區長，得票十六萬餘，當選得首列。其支票皆有票根，監察院派何漢文、范爭波已查實，忽以不了了之。而何漢文之妻於選舉後開畫展於上海，於是當選者、落選者、得錢者、經手者皆畏其舉發，搶買一空，聞杜公館曾購進十六張云。劍秋謂余亦購，五、六千萬一幀，在化運動選舉費二十餘億之後，真是忍痛犧牲者已，時一億可購金一條。鄭之墊款為農工銀行，到期出售毛韻珂女之爭論產二百餘億，以償農工銀行之欠，所餘擬再造屋，而幣值日落，亦未造成。孫科則受鄭綠色旅行車一輛，於事後說鄭毓秀對不住人，祇送車一輛云。劍秋於此痛心我黨之任人賄選，壓迫忠貞，云如謝仁釗竟幾至氣成篤疾，今謝、錢皆得補正，可謂皇天不負苦心人云。十二時禮拜散場，余到大悲處飯，有白切肉，以其湯煮四季豆，甚美。飯後食台中枇杷、本園廣柑，並飲農學院咖啡乃回。

本日陰曆為三月三，諸詩人集台北賓館修禊，鍾老先生槐村去購茶點，張默君攜茶酒，到于右任、溥心畬、陳含光、賈煜如、陳定山、李漁叔等約三十人，分韻余得「少」字，與伍俶儻等閒步花園一回，四時乃返寓。寓中交通大學五五周年校慶，余曾受薛次莘名譽教授之聘，亦簽一名。在樓上進茶點，已覺甚倦，未去，擠人叢中，怕演說。夜飯在寓中，飯後到廣州街訪鄭味經，鄭明在家。

4月9日　雨

晨至黨部出席紀念周，聽谷正綱報告第二組對特別

（指軍隊）、知識青年、工礦、交通及婦女各黨務之做法，聚精會神整整講一點鐘，雖未必悉當，良可佩也。出，到農民銀行晤趙葆全、翁之鏞，之鏞謂聯誼會中人孫丙炎、鍾國元等述中國農民銀行簡史，於自渝撤退一段歪曲事實，經以稿改正，允重改而仍不能照辦，又其人皆以復職及年資鼓動人。余謂聯誼是可，以希望較優可，原歪曲事實則不可。出，至立法院，正議畫分法，王撫洲、陳參事等在座。下午繼續，余腹瀉，且召集中央日報監事會，張星舫、陳天鷗來，會得以開成。五時至鄭味經家飯。得顧劍父內弟潘壽明書，意欲來台求助，劍父有介紹信，信中云其母已亡，劍父在孝服中。味經云牌樓市吳德培之兄經營茶點店，烘糕箬頭有專長。味經幼時，吳母命回烘給食，惟許九疇另出花樣，將五塊糕放在磁碟中烘軟，另加一雞蛋蓋在糕上，云是美味。又新塘市沙秉彝家塊頭糕亦佳，新塘市人過冬吃燴白酒腳，油泡切絲和野菜相燴，云有川糟之味。味經嫂今日治一種台灣菜，云似薺菜肉絲，晨食甚美，夜再煮則苦，滿意今日成功，明日試野菜心餛飩，勢已失敗矣。夜，夏劍丞來同食西瓜。

4月10日　雨

晨赴立法院會，外交部長葉公超報告美國對日和約底稿，十四國關係國中，不承認我政權者有九國，台灣問題未明立，草稿中頭頭是道，賠償如早說了還有貼還日本錢之可能，至軍備上望其立即強大而必其將來無軍國野心，我自身亦不能豫料可以振作至何種地步，皆難說也。十一時半往中本取款，一時許林潤澤、馮葆民、上官俅來領去。本日行政院頒取締金鈔賣買辦法，准持有不准買賣，外幣可向台灣銀行按照當日市場外匯結匯證兌換之，並得折購結匯證。黃金則參照遠東各地市場價格及外匯結匯證價格折兌之。台灣銀行即建立外匯結匯證市場。崔唯吾以豫算平衡易取外匯之米糖，確實謂為有效。余則以游資無消納處，恐逼至囤積物資而黑市價更長高。何子星來，余勸提高存息且嚴禁走私，子星云主省政者且私發行通貨，竟被發覺，則難言之矣。飯後余腹瀉四次，子星遣人送消困定藥片來。余作書致黃少谷，為劉象山要求發表設計委員。覆潘壽明書，寄還伊支塘國民身分證 1579 號及照片，謂無法為其弄到入境證。覆中農同仁聯誼會請參加理監事會，答以余無暇任此，且立法院禁止委員任董事，現在懸擱期中，既無辭法，理宜靜止，請另推別人。六時至鄭家飯，有黃魚及銀魚燜蛋、紫菜湯，飯後譚葉振公、振飛、張鵬才故事為樂，八時方回。日間晤夏光宇，約往便飯。侯蘇民擬安插沈善琪於航業公司，而在交通處管洋文書。晤李炳瑗，謂中央信託局尚須整理。夜，路平甫赴高雄轉港，大雨中僕僕道路，輪船行使台灣，得利少而麻煩多，良足佩欽。邱紹仙、孫再壬聞余水瀉，來問勸慎食。

4 月 11 日　放晴

晨踏溼路至中山堂參觀譚淑書畫展，畫有紅梅一鏡架及題羅浮者一架，標價各一千元者，係合作，書似畏公，間落浮油，非雅品也。上四樓，晤文耀、文守仁，昨紀律委員會，題院會孰准假孰以一會期不出席論，未議決。今晨財政委員會，高廷梓不願出席小組會，恐流會。余腹瀉已停，腹中不舒。回寓偃臥清坐，記舊蹤跡歲月如下：

勞軍：三十一年一月二十八日，隨居總團長乘歐亞機飛昆明館榆園。二月一日午飲繆雲台家，醉同蘭友游西山。三月五日余趕至耒陽，三月二十日至安江晤唐伯球。三月二十八日，在恩施陳長官公館酒醉。四月六日，歸舟泊洛磧，引受祥姪見居公（梅川譜偈）。

國民會議代表證書蘇字第二十九號，總監督胡樸安，中華民國二十年四月，五月一日代表登記。（據當選證書）

隨蔡孑民業師攜弟晝三及蔡先生隨從馮貴赴北平，二十年六月二十日往，七月三十一日南返。（據回籍護照）

上海江蘇省立第二師範本科第一部畢業，為民國四年一月二十四日，文憑為二師字第四十五號，江蘇巡按使公署四年一月二十日驗訖。時余年二十一歲，記行禮日自崑山陸家濱往滬，服葉潮哥在蘇州當去，余出資往贖之，黃線春皮袍大小不稱，同學皆笑。

中午飯食談龍濱所贈喜蛋。飯後王雅來，陪伊往三六九吃蝦腰麵，陸京士偕其子阿狗將服務台北紗廠者來訪，云歸大陸可依大勢所趨，達到希望，而台灣所見絞七廿三，恐不是事。陸君贈余糖蘋果及玻璃盃與牙刷。得莫紀彭詩，並約余咖啡或點心小敘。得謝然之、趙君豪贈小書「台灣與民主陣線」。五時出行，遇戴恩沚，同回錦姪處，關照多燒夜飯。同回松鶴樓購醬鴨，台灣店購紮肉，肉太生不宜食，仍以錦姪所治蝦仁燜蛋及豆腐羹為佳。飯後閱報，知徐昌年夫人病歿。昌年在東京，妻久病，余往榮元晤張伯雍知如此。徐燕謀為昌年之曾叔祖，主持喪事，火葬費約六千餘元，有一張四千餘元之極樂殯儀館之統一發票，如中獎，面額不小也。

4月12日　晴

十六年清黨紀念日，陸京士云共產黨聲稱於今日大屠殺以索清血債，不知同志中死者多少，終日不樂。上午十時出席資格審查會，下午聽嚴家淦、徐柏園、錢昌祚三人說明此次處理金鈔政策案之報告。夜飯前赴錦姪處弄新孩，本日錦姪無準備。余坐車訪王子弦，至南昌街則知已遷仁愛路三段五巷五弄五號，余乃往徐香英處飯，遇院中寫賬發錢之傅小姐及其妹，住戴家汽車棚中。其另一家常麻將通宵，戴丹山釋出後必不以為然也。歸途路上有號外，昨美國易麥克阿瑟統帥，今圖魯門廣播統帥雖易，遠東政策不變。晚歸，得葉秀峰贈揚州竹枝詞上卷，於枕上閱畢，杜召棠所注頗趣。

4月13日　晴

晨院會，兼職查及省級兼職而不兼薪者，亦問任師範學院及台大法學院院長者。行政院咨復俟繼任有人即可解聘，又催行政院盡速辦理，可謂不情之至。公約祇可訂約者自己遵守，不能強無義務者來執行，立法院則太過矣。表決多數通過，余未舉手。苗啟平謂爵祿可辭，白刃可蹈，而中庸不可能，孔子之言正有經驗，在議會中更易出現此種情形。表決後余返。下午候至四時始足額，五時半余往和平東路，車上遇王公嶼、賈書法、王導子。下車轉麗水街，於小橋流水處見王導子新夫人，布置合色。出，至顧儉德家，北窗樹新修，頓覺清爽。再往王豐穀寓，今晚朱、舒、張均在，飲乾琴四盃，以韭黃鹹肉、湯豆腐為最佳。飯後回，悔不至陳伯龍家，秦啟文候余在陳家，余未悉，故不往。余約秦君赴豐穀飯，秦君面顱亦迫，不肯往也。回寓後得高雄黃壽峻電話，余託平甫帶港之件被海關扣去。美國軍人馬丁來謁我總統，美軍艦及戰鬥機游弋台灣全境，以示關懷。下午余出立法院，見機二十七架，編為兩隊繞台北市空。

4月14日 晴

晨修書關務署長周子若，請設法取還高雄被扣件。十時往晤副署長申慶桂，允請台南稅務司查詢。一個早晨完全荒棄於此，未能做別事。邱梁來，徐向行來商事。下午四時到錢家，同秦啟文、李炳瑗、錢太太打牌十二圈，余一人獨負。十一時返寓，曝被生暖，天氣又熱，不能入睡。閱日人史邑道人草書千字文及虞廟堂及褚孟法師碑，久之乃合眼。

4月15日　晴

晨錢十嚴丈來，同往同慶樓食炒麵，未開油鍋，乃至台北樓食點。回寓，陸孟益來，駱維良來，余同孟益至吳保容家，保容夫婦外出。余等在五條通尋徐燕謀未得，後於七條通得之，燕謀亦外出。孟益正謀銓敘資格。十一時同采、秀、蘅同往士林，先於大悲家食本園所產甜柑，嗣參觀教堂及蘭亭。隨陳所長國榮車歸，在秀武處飯，飯前臨聖教序為樂，飯後歸。今日丁一夫婦召集崑曲同期，徐穗蘭追車、趙友琴刀會及聞鈴諸唱為佳，丁君約其友於曲終相聲，尚樂。張傳薌病婦科未到，朱太太約盛成之參加，余及任、張當主人，李宗黃唱彈詞聲朗，梁瑞萁談白亦有進步，徐、朱、朱上樓食糖。六時半散，劉局長煮甜腑享棋友。夜，余覺體倦，高雄黃站長壽峻來電話，云海關祇取美金，信未取去。

4月16日　雨

晨車來接往中央黨部，在紀律會、財委會小坐。紀念周晤劉和鼎，報告者為陶希聖君，云美人在韓以火海勝人海，如入東北則落人海中，火力必分，中共入韓軍隊有限，則落火海中。聽至九時半，同郭鏡秋出，至圓山軍官訓練團，今日特種黨部最高改造委員會周至柔等宣誓，總裁監誓，述軍隊黨部之重要及學校黨部取消之失算。余遇周洪濤，託其注意戴郛無罪案。又晤陳雪屏，云李亮恭可復職，復職後再辭。余謂林某有取而代之之意，校長不合畀林某，張道藩以為秉公之論。入立法院，在財政收支畫分法會場略坐，出席者不少，白上之語我主張通過者、暫緩者各持一說，意在使光頭傷腦筋。下午睡久，起閱新詩，有王志健、張自英較佳。六時在寓嘗飯一碗，又到鄭家吃一碗，鄭明不加班，在家剝明蝦供余食，明蝦燒王瓜、蝦米燉豆腐皆佳，飯後講戴貢三、后學袠一回乃回。夜雨甚壯，路平甫自高雄回，云十三晨交金君計九，攜款上進口輪被檢，檢查人出有收據，經交涉可望發還。平甫交金君時在吃豆腐漿店，或有便衣見到報密亦未可知。平甫安順公司利來船到岸時，軍警串通水手船員走私發覺，結果船上人移至台北來辦，軍警則不辦。此次船員上船皆脫光檢查，精神威脅甚大，現走私又不可，船員擬去而之他，平甫維持一船亦不易云。

4月17日　晴，下午風飄微雨

晨閱新詩。赴立法院會討論兵役法緩役各款，余聽至十一時返寓。閱新詩各卷，至下午而畢，挾往交台灣電台，擬請人再審閱云。孔凡均、虞麗芳夫婦來，虞求考出洋甚急，求余為之介紹見陸京士。黎子通來，述小虎子已到香港，綴英求速濟款，晝三囑勿通信。王豐穀述劉君守宜聽張子明報告，正中運台紙僅二萬餘令，南維嶽云三萬餘令，據劉君紀憶則八萬餘令，相去甚遠。余至電台後，走至仁愛路三段五巷五弄五號王子弦家小坐，係保險公司之屋，離其子賢寓甚近。出，在同弄尋鄭曼青，不在家。訪郎醒石嫂，郎所在滬江教書，其弟月得人民幣四十萬，最小之女明年可畢業燕京大學。余又晤棣華次子，知棣華夫人候女暑假將歸台北。出，坐車至麗水街顧儉德家，今日陰曆三月十二日，似為桂伯生日，余略飲白蘭地，食自助餐，有湯有麵，水菓橘之外有西瓜。八時以車送歸寧寓。

4月18日 晴

晨粥後，任惪曽又命新來廚房做明蝦麵。麵畢赴立法院財政委員會討論統一稽徵條例，陳慶瑜、財政廳王科長及台糖總經理楊繼曾說明。楊云白糖貨物稅重至60%而紅糖20%之流弊，而著眼在外匯亦不是如此做法，蔗一年半收成一次，稻一年收三次，所差一年全靠農貸。台糖既無力貸與，為蔗農者祇有高利貸與賣青兩法，台糖既貸與，乃收得之蔗以紅糖有利可圖，蔗農樂售與紅糖廠，則明年白糖減產自然之理。故政府所行政策說得好聽，現在尚可見到百足之蟲死而不僵，等到死了而欲用他是不能彀了。言極沉痛，予為酸鼻。會場上白瑜說營業牌照稅暫停徵一年之非，余說提成充賞之不合理，會場精神頗能灌注。十一時予返，得陸孟益書，獲范祖淹書，蓬閬鎮被極刑者，一為張權，一為陶公亮之子，公亮已逃至東三省，周序冬受過重刑，命在旦夕，頌夏先生現已逃避他處，以上三人在黑名單上均有名字。崑山新近被捕三十餘人，衛序初為其中之一。又得劉象山書，十七日午後晤黃站長，據告被扣之件已發還云。午前孫伯修女兒孫仁攜婿溫州人葉行知來訪，前日已白跑一次，因請往鴨子樓吃鴨子，譚經營電影事業失敗及與戲子來往之苦頭，秦慧芬伯修十分歡喜，而孫仁請伊演戲三天，第二天丈夫便不許演，後用毛人鳳、毛森壓力，雖則完局，但所費不支，孫仁因之害病。又談伊寄母濮孟九妻蕭蕙芬在台南已出名，為老怪物，嗜賭好淫，生私孩，大虧空，孟九毫無法想，伊反說是西洋派，只怪人頭惱冬烘了鮮不彀。二時往國語日報，與孫德中、蘇紹文、傅啟學、徐芳、何容、余又蓀商議五四紀念會如何準備及同學錄之付印。三時返寓，中午極熱，余衣羅衫出，至是感寒，今午吃鴨子時又斷一盡根牙。夜飯在錦姪處，新生孩已重十四磅。夜李涵寰來。今日吳容贈吳稚暉先生的生平十冊，其中李書華云十一年率學生狄膺等返法，乃十年之誤。

4月19日 晴

天炎熱，晨審查中央銀行法，余未往。劉子澄、金仞千來譚。十時至公路局工務處訪李家祜，未遇，留為伊妹家瓊致王文蔚書，擬薦入中央印鑄廠為臨時職員，伊母李汪茂蘩來信所託也。出，到裕台公司訪胡秀松，未遇。歸寓，朱鍾祺、舒尚仁來託修徐柏園書，催批准某號結匯證。歸，廖南才夫人派車來迎，至農林廳會南才後，至和平東路一段 183 巷三弄四號南才家，同宋太太、□□□打牌八圈。五時半余回，知劉大悲來訪，為星期日同學會籌備，陳子仁明晨將來寓再商。六時至黃筱堂家飲其孫女小琳彌月酒，小堂夫人所治菜頗有味，四盆四炒四碗，以凍排骨、炒菜花、紅燒肉為美。小琳肥碩，小指過二指頭闊，余書「慧賢健美」四字贈之。小琳已種痘，晚上肯睡，故保昌夫人亦增肥，不似施家彌甥晚上吵鬧，致錦姪疲損也。

4月20日 晴

晨院會討論兵役法，李公權言一百三十九、一百三十八兩條憲法之意，其詞蓋指特種黨部。下午四時開會，張慶楨言特種刑事案件訴訟條例不應存在。五時歡迎美國民主黨參議員麥紐遜在中山堂堡壘廳，麥氏言麥克阿瑟雖罷歸，美國對華政策不變，今晨各報均載麥帥昨向美國會演講，沉著警覺，十分有力。首言伊所說是一個美國人經過考慮後所表示的意見，悉為基本問題而超乎黨派的考慮以外。二言亞洲、歐洲並重，敵人分兩條戰線來攻，我們也應該在兩條戰線上抵抗，僅考慮一個區域的問題而說我們的力量不足以兩頭抵抗，此為失敗主義的話，只將造成整體災禍而已。三言太平洋防禦戰線之重要，自阿留申群島延伸到馬里亞群島作為基地來設防，可以控制亞洲自海參崴到新加坡的每一個港口，敵人攻擊是兩棲性的，假使對其前進路線上之海路及其上空不能控制，則攻擊不會成功。無論在何種情形之下，台灣絕不能淪入共黨手中，台灣如不守，會立刻威脅到菲律賓的自由，日本也有陷落之虞，並且可能迫使我們把西方疆界移到加利福尼亞、俄勒岡與華盛頓等州的沿岸來。四言蘇俄與中共之侵略，不僅南韓，同時也向越南、西藏，而台灣正在開明治理，沿著良好的路線前進。我們應當：（一）加強中共的經濟封瑣；（二）以海軍封瑣中共海岸；（三）使空軍得以偵查中共沿海地帶及東北區域；（四）取消對中華民國之限制，使其對有效行動能配合支持。末言戰爭目的是勝利，姑息將增加流血，西點歌謠云「老兵是不死的，他們只是逐漸凋謝而已」。我已結束我的軍旅生涯，並已開始凋謝，對於一個努力服務之老兵，上帝使他有權看到使命的達成，再會。國會中人拍手三十次，呼喊十餘次，聞再會多流淚者，此比以統帥歸國述職更有力量，定有絕大影響。

中飯在寧園，夜飯在俞時中家，素菜甚佳，暈菜炒蝦仁、燻黃魚、糖火肪均佳，同席有周佩箴、周賢仲夫婦、張雪蘭小姐。余曾到後巷苗告寶家小坐，其夫人王大夫允為余裝牙。十時歸，路平甫赴港，語我扣金四日後托盧君送還。余入路局觀秦慧芬三娘教子，機房即曲終，秦平常，薛倚海派。

得洪亦淵送來徐生祖武（勗繩）書（四月六日抵港）。現名徐培，卅四年赴金華電氣公司（該廠為上海中大工廠企業之一部）。三十六年秋被調至衢州米廠服務，是年冬赴開化，邂逅上海工專同學王君，是人任開化稅捐處長。三十七年冬米廠收歇，承王君介紹任臨海縣田糧處任祕書。三十八年五月共匪圍城，縣長降匪，自杭州回滬。三十八年顧佐周介紹在上海圓明園路青年會大樓福發貿易行任職，福發為佐周之兄竹銘所經營，介紹者為朱若瀾。三月離申，現寓香港。崑山陸友白昆仲在上海被拘解崑，陸景閔（達三）已登記不得隨便行動（三十八年十月以後遷上海者，必須有原住地遷出證）。吳天憾為民華上海組織委員，朱敬之自搭轉脫班後回寓吐血，陸友白介紹入天廚廠內。陸已入民盟，勝利時賴敬之保全，此時報恩。敬之亦加入民盟，不料黨團登記吳蘊初太太不敢私藏，勸令登記，敬之擬自殺，為人勸止。衛序初為積穀事被累，得龐甸材援，得判徒刑一年，緩刑二年，曾數度到顧佐周處，現住江灣復旦伊子婿處，佐周處不啻茜墩同鄉會也。

王豐穀來送稿，語我云陳藹士先生刻其閒章，文曰「林下優游十五年」，林下乃指在林主席任內為得以優游自在之官，計十五年也。又有章曰「豪叔自豪」，謂人稱陳氏為四大家族之豪門。

俞時中云梅恕曾等設一四川館，人稱姑姑筵，燒羊頭及脊髓肝糕均甚佳。時中又云總裁身上關節炎、背骨痛共有四處，皆屬骨科病。又云 Adela 張學良之財產保管人來台灣，曾與共飯，外傳張學良被殺，余云並無其事。端納與 Adela 西安事變保護蔣委員長頗為出力。

4月21日 晴

晨到紀律委員會開會，會散赴中心診所樓上十六號探丁鼎丞先生病，輸血後情況尚好。歸寓，孫仁又攜葉婿來，堅邀午膳，至四川味，所點菜皆未爛，祇得紹子豆腐及腰片湯。遇何琪，問馬超俊舉發案。前日聞王憲章在宜蘭作古，今日商張曉峯，索得喪葬費三千元，明晨遣祝毓送去，並唁其寡媳。飯後至錢家候羽霄，不至，四時食桂花蓮子羹乃返。陳敏見報上有同姓名者結婚，喜言要余送禮。胡立吳來寓久坐，未見余，留片云今日以前已來過兩次。葛建時來信索改造全份，侯佩尹寄來照片，求吳先生為辦入境證。夜，立法院祕書長倪炯聲請客，召集舊雨新集，到趙琛、林彬、柳克述、袁世斌、王師曾等共三桌，在露天吃，菜平常，而眾人盡歡。余桌劉志平講祁志厚笑話種種，樓桐孫講留法同學江津祖文明之拿頗倫精神。席散，趙佩陪余訪丑輝瑛及其夫，譚半小時乃歸。

晨譚嶽泉來送麥帝拉及加那地安威士忌各一瓶，現禁奢侈品入台，此餽乃雪中炭也。夜閱新生報，知公路局測橫貫公路，自三月七日測起，至本月十八日完成。此次得高山同胞之領導與協助，其路線經太魯閣國家公園，關原、櫻峰、見晴而達霧社，自花蓮至太魯閣二十公里，日人雖曾一度開通，但現已完全荒廢。太魯閣至國家公園一段，日人已鑿成三十餘個隧道路基之單行道，已開通。自國家公園至關原一段工程最為困難，雖有隱約之人行道，然根本不能利用，需將路線放長盤旋山腰而築，其間相距四十餘公里。國家公園拔海四百公尺，關原二千六百公尺，又須越過拔海三千一百餘公尺之合歡山始走向下坡，經櫻峰（拔海 2,000 公尺），風景秀麗，歎為觀止，有山地公園之稱。至見晴（拔海 1,500 公尺），其間有十餘公里一部分可以利用人行道築通，見晴風景亦佳，南投仁愛鄉在此設有畜牧場。自見晴之霧社四十餘公里有公路模型，惟坡灣太急，亦需改善，沿途多水，可增加旅行之方便。

4 月 22 日　晴

晨思答拜胡立吳，乃施振華自岡山來，攜來謝長茂所贈肉鬆及蛋糕，余乃分給錦姪、鄭家及劉文川。至文川處，適外出覓房，乃重至鄭家。在三水街觀市場，肉市整潔，有紗窗防蠅，菜市搭兩架對棚，可以防雨，吾鄉可採用也。鄭明做飯極快，飯後歸，又陪王企光略飯，乃至士林。今日法比瑞同學會，到八十餘人，陳子仁請水果茶點，觀蘭攝影，最後說笑話，劉文島、張道藩、竇子進、商文立、宋□□皆講笑話，余得見袁家姊妹，知葉南在法國尼斯。五時附黃國書車返，至建國北路王家同陳敏打牌，敏負，十一時乃回。今日清晨王培禮、方肇岳來譚苦況。

4月23日　雨

晨中央黨部紀念周，袁企止報告黨政關係大綱及管理從政黨員辦法，袁說慢而呆，與馬星野機警者不同。余又語蕭自誠，陶希聖思而後言，與曾虛白言而後思者不同。至圓山，今日人事班開學，總裁講人事之重要，發曾國藩冰鑑，讀主管人員之責任，今日總裁精神頗為愉快。十二時中改宴菲律濱球隊人員，張其昀、鄭彥棻、谷正綱、羅家倫、張道藩、蕭自誠、曾虛白以次演講，聽得比吃得的多。一時許搭莫局長車返寓，略臥，起身作常熟人書，約星期五至新亞。三時正中殷君來商在台商務股東譚話會事。申夢青來訪，云海關還美鈔事已辦到，請釋念。夜飯前候車，施振華來，語以儉以養廉，勤能樂業，誠可得友之道，並贈以微款。伊五年前可畢業於空軍機械學校，好新愛變，蹉跎至今，亦蘭表姊之不幸也。正與譚論時，浦氏廚送任惠曾燒雞及燻魚，余請任君留振華飯。余赴鄭味經家吃厚皮餛飩，蝦肉作餡頗鮮，實北方之湯餃也。新塘市土風煎餛飩起鍋時用醬油再炒，味經愛食此味，余愛煎餛飩一面焦黃一面軟，佐以黑鍋巴粥，人世間之美味也。今晚餛飩佳矣，而粥不彀焦。食前後味經講伊姑丈郁紹宗，其人係新塘秀才，戀一堂妹，出而游幕，於外積資，得湖北監利石首縣知事，監利請華洋義振會築一防水堤，紹宗實經始。惟其人好色，最後又奪下屬之美妻為其妾，以心痛病死上海。而其子丕承亦與其父之養女戀，鄉下鄙郁家亂倫之醜，何以兩代效尤，比拆開室門樓，云有鐃鈸一合。丕承臨終前見有漆黑一團，云是見養妹冤魂，蓋養妹為打胎死者。丕承在病床自言自語「羞人」、「不可說」、「羞人」云。味經又言錢寅階對人甚恭，但甲子年以現款殺價收棉將兩萬包，迨江浙振災錢捐資不多，取於人而不能用於人，殆為遭清算惡報之因耶。關於室門樓之鎮厭物，味經妻朱，其家人好賭，拆出骰么、二、三，三粒，顧氏日新堂拆出像天官之泥佛，常白晝出現。皆味經云。晨與張曉峯言蔡先生之著作應為收集。

4月24日　雨

晨院會討論特種刑事訴訟條例。在王化南處得王憲章媳收條，赴中央黨部交祝毓，並囑伊通知王媳致謝張其昀。歸寓，致綴英書有云老太太如何，有何告訴之話，望叫人寫好寄我，恐不及會面了。下午孫仁來，孫道始、趙叔誠談商務印書館事。周啟剛偕祁瑾來，講調景嶺唱舊劇女起解、捉放、黃金台、汾河灣，寓解放台灣之意。周、祁既辭，余上樓，黎子通出伊弟小虎子四月二十晚書，云前接大師母來信，云老太太不幸於四月三日下午三時（陰曆二月廿七日）病逝，病仍為肺炎，痰塞二、三天，康在杭，健亦離家，惟仿回家，幸有毓英嚴舅母照應。喪用臨時借得，八日在南京簡單設祭，鵠父子及小吳均來，吳小姐在寧教書，一月多星期來玩，其他一切都好，公、寧、穎都好。余受信不禁悲泣，三十年來厚愛及余，無法再一面矣。余語子通老太太既逝，綴英不往北京即來台北。下午院會，余未往。四時回錦姪處告訴凶息，本日適逢三七，乃購豆腐食之。飯後隨徐復人至其家晤張伯雍，囑飲酒，卻之。至京士家晤楊克天，正患痔瘡，在客座談久之乃回。施振華來浴宿，明日歸崗山再讀兩個月將分發，伊志願來台北。

高越天著滅共制勝方略，教余閱後送蕭自誠，中分行道、尚術、得眾、用才、攻心、爭地六項。其爭地之要義，以兵增地，得地增人，得人增兵，不惜任何犧牲，無限擴大武力，以期澈底滅共。其論攻心曰，由離心轉到向心，由向心轉到效忠還有一段距離。其論得眾曰，不一定是得眾心，而是要能得眾力，必需尚王道而不迂闊，行民主而不鬆懈。其有趣味之比喻則云共黨新階級制度類似古代雅利安人的印度，第一級共產黨徒，等於婆羅門 Brahamans，第二級是匪軍，等於剎帝利 Kshatryas，第三級是赤化的農人、工人、商人，等於吠舍 Vaisyas，這三級都叫做人民，第四級是被征服而應該勞動改造服賤役的國民，等於首陀 Sudras，再下去就是資本家、地主、富農、中農等，將列為不可觸的賤民休達 Sudas。

4月25日　晴

晨出席財政委員會，對於審查意見發表余之主張即退。歸為許世傑寫三件、子方款寫一件即飯。自本日起擬寫字一月，一以釋外姑高齡不永之悲，二林在明送余向房東借得之硯池。錢太太來約麻將，決計不往矣。下午胡立吳來，託為高凌百之弟致蔣孟麟先生函。余又蓀來，盜箱案懲戒委員會決定記伊一過，伊頗心折。徐香行來，云二十八日戴郛案再審，伊總望無罪。余陪香行謁趙志堯，方主席交通銀行一會，未晤，送徐至松鶴樓前上三路車乃回。許世傑來取件。余乘寓中便車至植物園，行池旁一周，見梁希所寫萍廬，侯過有板聯。梁日本留學於森始為權威，柏年先生之友，現從匪共。侯過能篆刻，為王崑崙之戚，不知何往。余游得晚涼，心醉一樹紅花，不知何名。入鐵路飯店參加正中編輯會，除張曉峯外悉至。譚香港書、日本書不穩思想進口問題，正中積書資本呆住，周轉困難問題，編教科書者將十家，秋銷困難問題。正中得黨助力之處甚少，而負責任應為之業務甚多，總裁又切責應負起當前之使命，故擬造一計畫而並述實行此計畫有幾項要件，向黨陳述。九時乃歸。今午在衡陽路中華書局巷內遇趙鐵橋夫人所用之阿妹，已來台三年，尚未嫁人。

4月26日　晴

晨往立法院出席黨員大會，以郭登鰲所講為最近切。十一時資格審查會，江蘇婦女以趙淑嘉補張維禎，並選王秉鈞、劉文島、白如初為召集人。會散乃歸，寫三條幅一聯，未甚得手。下午林太太來為伊叔貸款，未允。三時車來，到青田街訪陳果夫，譚過期走氣之葡萄糖不可用，因反應利害，或可致死。又談總裁罵人之非，又言團結及實事求是為反攻之主要，又言從事離間及隔離民意代表，恐有大手筆者在。余又到麗水街九巷十號訪陳藹士，未遇。

4月27日　晴

晨院會，不准會計師兼公營事業之監察人失之太嚴，而允許會計師得經營商業又失之太寬，余未作聲。休息時返，訂日記遣悲。昨夜夢見外姑之靈無人供養，人來捕余，不禁流涕。飯後臥，起身後赴新亞蘇松太同鄉茶會。楊佛士、錢昌祚、安慰南、陳慶瑜、王家棫、陳新萌、胡希汾、徐鍾佩、曾虛白、曹佩珩、王耀璋等常熟人均到，他縣人到者亦五十人。四時三刻散，羅星薇來講洪門規矩。六時至雲和街九號，四素菜外食餛飩，食畢，往賀趙淑嘉補立法委員。到王祖庚家，知慕喆先生病中風。出，到顧儉德家告外姑病逝日期，儉德自幼在外，不認識余外舅。

4月28日　晴

晨參加財政內政預算聯會，余反對彭委員提鹽稅分給產區百分之二，表決贊成彭案者少數。本日聯席會簽名者滿法定人數，余為出席易滿法定人數計，主張以第一志願參加某委員會者為該委員會之委員數，於數中算出五分之一人數不參加其他委員會以為基本數，庶幾不至流會。至別委員會參加審查若干人始終是某某等若干人參加，單為理論之陳述，不必開聯席會議，參加表決或不參加表決均可，或定例五人中無一票舉手贊成者須重行考慮。十二時返寓飯，下午三時赴中央黨部商本年度工作重點之報告總裁方式，總裁督責甚切，而黨於事實上收效甚難，改造亦無異態，予與袁企止均覺甚難。五時半散會歸寓，王豐穀來，未遇。趙淑嘉、任培道來拜，任將補程其保立法委員缺，伊辦師範學校頗認真。余掛念美金之歸來，秦啟文為余問明二日可到。此次周折適逢外姑喪，十分須用，蘊寶費周章矣。六時半俞時中來候，車上伊父母，又往接張九香夫婦。同至周賢頌家，有鋼琴，有供觀音之佛堂，有二犬，一為法國種，一較大。食山西館菜，以新鮮胡桃羹為最，排翅味差。飯後食西瓜，李瞎子選者，味更差。有江南鐵路公司司賬蔣長洽報告，周君梅開薪水支房用，至今諸種想頭，無非欲弄錢歸己，指售出物料匯往美國靜江先生處之一萬六千餘美金為非法，指其外姑保管公司現金應付息金，而其人一不至臺，二思邀共黨接收，並謂伊之副經理係副靜江先生，先生已死，無人再能管他，視周賢頌代總經理如無物。俞五夫人謂其弟竟愛錢而神經，九香夫人謂其姪女太不講理，余自早在柏年先生處知君謀自不可理喻，相與慨歎久之。

4月29日　晴　星期

晨五時起身，走車站甫五時半，距赴中和之第一班車尚遠，乃雇三輪至廣州路，車至內江街而停。走扣鄭門，味經來迎，伊額上包紮，云是蘇松太散會時被車撞壞，朱安生臥於床，在調理中，余勸請中醫。余同鄭明赴汽車站，六時五十分開車，七時一刻到中和。食粥後步行上圓通寺，乘車來游者頗多，今日極樂院無佛事，余拜大殿為岳母顧母嚴太君求早升仙界。下至建築未竟之屋納涼，又游佛字下龍洞。下山遇王世杰夫婦及羅志希，又遇明農行同遣散者李姓女，坡盡又遇陳堃懷。十一時步至中和街，又遇金輅。天晴，路上頗熱，在仲翔寓飲仲翔自製茶，以老葉為佳。飯後得乘安徽人住上海極司菲爾路之龍君所開中型吉卜，乃於愛國東路下。歸寓略臥，錢探斗電話請打牌，李、秦二君往，余往華南銀行二樓參加崑曲同期，聽折柳、陽關及斷橋為悉，遇柳克述、夏光宇夫婦、沈元雙及其女彩排游園。六時乘浦陸夫人至台北電台參加文藝獎金會，余所評新詩胡健中、葛賢寧均謂大致相同，取「祖國在呼喚」第一，張自英第二，第三獎三人，陳紀瀅贈荻村傳一冊。飯後乘默君先生車返寓。

4月30日　晴

晨紀念周，唐縱講心理反攻，會場前四排為中央委員座，到者不多。禮畢之後搭張靜愚車，自衡陽街起點下，至三六九肉麵自食，包飯希見整塊之肉，而燜肉膘肥，亦難合胃。入立法院參加財政委員會，余主戶稅及防衛捐皆宜見統一稽徵條例，不可僅見於附表或於除外的規定中略見名目，諸人不大理會。張九如語我孟光厚、富靜岩夫妻之眼均有異樣，余成諧詩云：

孟君夫婦眼希奇，四個瞳仁捉對齊，
想像婚前求愛日，挑情睨視是難題。

中飯歸，因寓中請客，包飯菜冷，命廚人重燒，不肯聽話。下午王豐谷來，黎子通來，林在明擬離暢流半月刊社，余介紹子通為之繼，子通自去年九月賦閒至今。下午閱報，候大陸雜誌不至。五時半至鄭家，夜膳尚早，乃至光復廳參加中改宴工人模範約二百餘人，余坐水祥雲旁，吃湯及肉丁飯及魚，乃再至鄭家食蝦醬燉豆腐及雞湯油豆腐包。飯後分組猜鄭皓產男抑產女，余猜是男。今日鄭怡開始煬髮。飯後步回。

劉兆鑌同學在台南工學院教書，今日來參加交通部設計委員會，在寧園開會，訝余之瘦。示余伊所寫輓段書詒聯云：

生平以天下為己任，馭短才長，寂寞風標隔永世；
同輩推一時之人望，交深跡淺，留連病榻話知心。

雜錄

狄純慶，陸軍八十七軍工兵營中校營長，彰化中寮糖廠，家住台中南屯區公所。

周賢頌，杭州南路一段一百十一巷十一號。

黎虎，香剛光華街四十二號。

周啟剛，開封街二段五十七號樓。

祁瑾，長安東路一段九號。

黎子通，天津街十一巷四弄四號。

趙叔誠，台北重慶南路商務印書館，六一一八。

黃廉卿，羅斯福路四段十八巷廿一號楊成德（國防醫學院運輸股長）家中。

倪炯聲，延平南路八十七號，中山堂對面女青年會夾壁巷內。

徐培（勗繩），香港中環永吉街二十五號二樓義豐顏料行龔家熊轉。

朱經農，生於光緒十三年陰曆六月廿五日，卒於四十年三月九日十時廿八分。為同盟會會員，明元轉入國民黨。年六十有五歲，葬康州哈德富第一基督教新墳場，原任哈德富神學院教授。

朱文曼，女，楊出，南京金陵女子學院。

朱文衡，楊出，蘇州聖光中學。

朱文光，楊出，上海中華職業學校。

朱文華，繼配楊氏出，肄業強斯霍布金斯大學研究院。

朱文長，W. D. Chu, Seattle Pacific College（西雅圖太平洋學院）, Seattle, Washington, U.S.A.。

中國教育思想史，英文，朱經農著，2. Mr. W. H. Chu, 3133, Guilford Ave., Baltimore 18, Maryland, U.S.A.。

范祖淹，香港畢打街 502 室永新公司內，鄒秉文所辦分公司在南陽街十三號 D，負責人翁舲之兩兄。

南京大行宮人民銀行許鍾權收轉顧英先生。

陳振岳，高等法院台南分院，中山路。

薛佩琦，台南縣佳里鎮北門中學。電話五〇號，十九班學生，一千人。

孫仁，新生南路一段 161 巷十七號。片用浙江葉行知。

王鍾，字文蔚，文伯之弟。

徐燕謀，中山北路一段 121 巷 58 號，7018 轉徐副長官公館。

潘壽明，香港灣仔渣菲道 139 號，國民身分證支字。

吳康，仁愛路二段卅六號鍾宅。

新觀察編輯委員會，北平東總布胡同十號。

紀律委員會，7182。

徐琳，香港北角英皇道 375 號萬象藥房。

唐堯生，豐原豐中路中山里 163 沈迺莊轉。

莫紀彭，台北市中山北路一段三十三巷五弄一號。

金仞千，羅斯福路二段四十七號。

楚揚，Catherine Emily Ho, 7508 Vleigh Place, Flushing, New York, U.S.A.。

何芝園（商友），新北投溫泉路 100 之二。

回安物療所，西寧南路內江街鄭銘隆醫師，瞽者，會賓樓巷內。

鄔繩武，中正東路三段 100 巷五衖二號袁永馥轉交。

陳宗周，香港九龍紅磡蕪湖街 123 號閣樓交。

宋新民，高雄市政府教育科。

朱福元，香港永吉街廿五號義豐號龔家熊轉。

侯佩尹，香港大道東秀華台十九號地下。

張玉麟，懷寧街十九號二樓，三七五九，石覺是其大女婿，中正東路三段 100 丙字 39 號。

邵佐新，宋書同妻。

劉兼菼，社會事視導，譚訓聰之姊丈。

李謨棟，花蓮市青華街六號，省立花蓮女子中學。

陸景宇，長安東路 140 之三，復大畢業，民立中學地理教員。

許以仁，南投縣改造委員會紀律委員會常委。

蔡有鼎，台南市中正路一〇九號游步星先生轉交，江西監委。

章彩華。

張循伯，張祐基之兄，陸秋賓友，高雄市前金區中正二街民生一巷一號，電話四〇八九號轉。

凌銘，燕謀次子，基隆水產畢業，在台灣航業公司海津輪實習，曾到馬公、馬祖、高雄、花蓮，自費，經理沈華廷。

許瑾夫，花蓮市光復街七十號。

劉蘭香，台北開封街一段九十九號。

孫再壬，滬字一〇二三九號。

蕭春溥，本市松山玉成路卅五號樓上。

陳法禮，二月十八日顧福田託帶毛線衣，三月九日帶到。

顧福田，女欣之，小學三年級，六歲半，妹妹已兩歲四個月。

劉季植、朱慕貞，新生南路一段 160 號十一號。

秦純卿，香港堅道城隍街八號二樓王翠微先生轉交。

朱經農，King Chu, Hartford Seminary, 55 Elizabath Street, Hartford 5, Conn., U.S.A.。

金秉全，香港九龍馬頭圍道八十三號九龍洗染公司。

劉同溫，共政府之崑山縣長。

朱福元，香港九龍深水埗九江街一七二號三樓馬詒州轉。

史祖鰲，香港九龍青山道元洲街 471 號交。

周佩箴，杭州南路一段 111 巷三十六號，電話六八九四。

狄醒宇，九龍太子道洗衣街 181 號三樓陳鳳翔轉。

譚訓聰，香港德輔道西 384 號邱鳳儀君轉。

張民權，新竹縣苗栗區三義鄉三義茶場。

毛秉文，台北縣板橋鎮景星里公館巷五號。

陸孝武，本市衡陽路 103 號新生報對面宿舍三樓。

劉家樹（醒之），昆明街一三六巷二號。

陸永明、郁慕南，住潮州街八十二巷 25 號。

$$62-\left(\frac{100}{120}+\frac{100}{150}+\frac{100}{150}\right)=62-(8.33+6.66+6.66)=62-21.65=40.35$$

陸孟益，存書三處大條六兩二錢，卅九年九月十日借三 100 萬，每兩時值 120 萬。同年十二月十二日又借 100 萬，時每兩值 150 萬。四十年一月十七又 100 萬，時每兩值 150 萬，折抵之下尚餘四兩。

高廉九，河北人，苗栗教育科科長，縣長鄧仲演與黃國書密切。

史瑞，內湖義茂號交謝秋香轉交，四六〇一，十二、一。

5月1日　晨晴，下午雨

勞働節，余至立法院取五月各費，不願參加財政委員會審查會。出，至萬象商行，有日本印草字彙、草字譜，索百元至二百元，半截碑二百元，陶齋墨每錠百元，余衹購一小石章十元。遇李向采，交伊助方子樵夫人治病者千元。出，在佩蘭家小坐，同伊夫人抱幼子觀游行隊伍，有甘蔗板做之眾志成城，甚佳。群眾穿制服者佳，汽車裝點做廣告者佳，隊伍極長。午回飯，飯後臥。閱陳紀瀅所做荻村傳，北方口語頗傳神，寫騾車頗有蘇州說書形容轎子之細緻。四時探錦姪新兒，痘發，有咳嗽，錦姪恐懼成大病，一人照顧不周而泣。余至鄭家商於味經嫂，嫂命明購白沙砂糖漿嬰孩服者及麥片往慰。夜飯有酒噴空心菜，直似生編草頭，又有蝦醬蒸蛋、韮黃肉絲皆佳。飯後同鄭明略購物乃回。得綴英四月十九日書張毓英信，外姑三號下午五時壽終，二泉適於下午四時到家，臨終神識清楚，屢問嚴舅母及二泉有沒有錢，並問二泉為什麼帶被頭回來。五號大殮，十時開拜，十一時出殯，抬至墳上，用石灰四十斤，石灰鄉間購不到，下棺封墩便下雨，送葬者鞋子皆踏濕。綴英云子忽然而回，既葬才下雨，殆天助歟。

5月2日　晴

晨檢衣，有夾褲尿漬處霉，自浸，囑焦立雲洗之，又檢夾衫，霉漬非汽油可去。八時赴大陸救災總會，先晤方治、谷正綱、陳□□，知香港調景嶺有飯票之難民為一萬一千人，到港者約三萬人，二月二十八日起來台者不滿八十人，會為請求入台者送表八百十人，截至五月二日可能允許者十五人，毫無問題者四人，其中困難甚多：（一）軍人多，軍人特重視，不能輕易放入；（二）保人難得，而對保需時；（三）政府希望基隆登岸者取消難民身分。十時許開會討論港九無飯證難胞救濟費二十五萬元之發放問題，將請各省立監國代開會，請香港造冊而審核之。余主張每人所得祇新台幣八元，可憑照相於登記時請人證明，見人頭發放，以求簡捷，未蒙通過。江蘇人到者東雲章、楊潤平、冷欣及余，余於會場得見張蒓漚，伊住北頭光明路179號。會散，余於北門遇毛同文，同到衡陽街上海藥房見陳君樸、何芝園及姜紹謨之弟，同往麗水街姜宅飯，有鹹魚及姜異生所購之燒酒，知朱雲光開刀致卒，相悲悼不已。飯後余走鈕長耀家，取得俞成煐三月十七日自意利諾埃省所寄包裹，同芝園夫婦驅車北門郵局包裹房詢問，云尚未到，問熟識之高君，云是禁入之品，恐到埠後將退回。回寓休，五時為任悳曾姪澤嘉娶新竹女子姜萃香證婚，蓋印後不必講話。姜父曾到上海一次，其內弟有五女，四女適內地人。澤嘉交通大學畢業，南人北相，萃香自身力學，師範學院畢業之後，現為中學教員，面有書卷氣。喜席每席200元，尚可吃。余遇陶光，係澤婦之業師，談崑曲。七時往賀探斗生辰，食一碗飯一盂粥，未打牌，十時同黃曰昉同乘七路車。余歸後閱荻村傳枕上，以描寫駭人頗不悅，半夜閱竟，頗倦。

5月3日 晴

晨往中本領息，中本羊毛獲批准者一批，積存之毛可開工一年。趙耀東出製造品樣，謂余用毛十分之二者已足比舶來品，純毛者更加美。趙君命人贈三碼給余做長衫。中本每月給人利三十萬，所支出比薪給開支為多，趙君慮之。九時至院參加資格審查會，會罷歸寧園，飯後臥。三時赴院歡迎新疆主席堯樂博士脫險來台。余出謁蔣夢麟先生請臨明日之會，贈余農復會報告。出又遇趙耀東，以車送余往孫秀武處，伊方學中文打字，家務及方家之貧病困累其心身，余邀出游未允。送余上十路車，車站已移近園藝試驗所，余以六百元貸劉大悲，觀蘭一回，余寄存之蝴蝶蘭將開花三朵。大悲又擘柑餉余，柑老，余無門齒不能噙齟，乃擠汁入開水飲之，頗足解渴。歸途沿防空洞出，大悲約往躲襲。余在士林候公共車，遇紅色轎車自北投送客歸，車夫開門載余，乃周賢頌車也，至中央信託局而下。入台糖尋雷孝實，方開設計委員會。余走博愛路，口腔潤適，頗得柑汁之益。入訪張懷九先生，食包子二枚，乃至雷孝實家，同期日約星期四飯。又遇龔君兆餘生日設麵，遇張篤倫夫婦，夫婦讀雷君西昌詩。又遇雷君寄女賀鳳蓀（賢賢）唱霸王別姬一段，聲頗圓甜。席散略坐，乃再至鄭味經家，知今晨伊領李家瓊去中央銀行見王文蔚，求得中央印製廠女工，王君允查明何缺後介紹，云臨時散工不相宜也。家瓊今晨到寧園尋余，余引往鄭家者，云其兄出差，其母又病。余又遇譚同志於博愛路，云陸幼剛將來，余頗喜。傅光海、凌念祖來訪，未晤。

5月4日 晴

晨起閱報，知五四現為文藝日，惟政治部尚以愛國運動為五四之第一義舉，在事人名不及段錫朋，而曰傅斯年、羅家倫、胡適，惟新文化運動無流弊耶。九時院會，資格審查報告河北婦女馬潤良任北平藍靛廠小學校長，稱之為意志搖動。湖南李毓堯閉門學佛，自昆明來信請辭，有湯如炎等爭之，余曾上台作說明，並謂王化南候補鑽補得兇，大會多討論，庶幾有懼於審查為有益。十一時余至雲和街飯，先在居先生家同居夫人飲紹酒二玻璃盃，已有醺意，再同豐穀並鍾祺飯，飯後於烈日中返寓臥。劉象山、淩念祖來視余，余臥久之。五時至山水亭參與北京大學同學會五四紀念會，蔣孟鄰先生云五四是洪流，功過難說，支流作何狀亦難說。北伐之順利、抗日之一致、國家事之關心皆五四為之，新文化、共產黨之興起亦五四以後事，我們於平民文化、於歷史、於土地改革不甚注意，共產利用空隙，其害已如是，可不起而抵制之乎。次陶希聖分析時局，謂麥帥歸國使美國人重新考量中國問題是一大節目，今日以德國問題及對日和約為要著，而對中國局勢極不利時，史太林之行動便可使中國轉為有利，將來還靠史太林使吾人早返大陸云。次董作賓講商朝用四分曆，周朝亦用四分曆，惟武成之後改正朔，建子為建丑，武成所稱四月乃太史從周正，實商之三月也，商稱一年為一祀，乃於一年中排列甲乙丙丁，幾無一日不祭祀，故曰祀。此外又釋百、旬、日、章、蔀、庚申月有食等，皆董君二十年來於甲骨文考據所得，列有圖表，先講一引子，於飯後再詳釋之，聽眾約三十人。今晚山水亭之飯，每人繳十元，每人各食一煎黃魚、一盂飯、一碗湯，中間有菜四碟，分合甚趣，亦吃得飽。惟同學錄擬請大家隨意捐助，經孫德中宣布，無人理會。余於儔人中得晤陳洪範。九時往探施彌孫，咳嗽經打盤尼西林稍減，牛痘發得甚大，錦姪較安，惟戴恩沚信云貢三入城內醫院，無法治愈，殆繫於城內，余極不樂。回寓，呂松盛夫婦攜女文儀來，屬作戴安國復業航空公司介紹信，又方肇衡攜弟患瘧新愈者來謝。

5月5日 晴

革命政府成立紀念，鄒海濱報告，而以馬超俊任主席，馬入禮堂欲請居覺生為主席，居謝之，而鄒先生讀音有中風之象，余頗憂懼。散會，余語張其昀、鄭彥棻，謂老先生不能使用矣。行禮前余與陳辭修談籃球義賣之出於強迫非是，及金鈔禁止後不必再查人存款。關於後者，辭修謂行政院已草提案，取締高利貸志在必行。余之寬厚以穩新台幣辦法，辭修觀點不同。入立法院出席財政委員會，遺產稅起稅點昨又自五萬改三萬，汽車捐公私不分，余爭之，諸人謂已議決，改動困難，余乃不爭。回寓，中飯時加乳腐汁紅燒肉，啟文未返。飯後臥，臥起閱大陸雜誌，徐向行來取去荻村傳，並貸小款。沈維百子寶華來，譚台灣銀行用人多、待遇薄，維百證件悉繳，不能離開本鄉。莫紀彭來，留片云專誠請半老同志吃咖啡不遇，實則莫來時余在樓上，焦立雲未知，云余未返。昨里大同學李亮恭既復職來拜，亦未遇。政府發言人送來油印麥帥免職之前因後果，云麥帥免職，美人對遠東問題熱烈表示，全國輿論引起歷史上未有之注意，可能產生對我方有利之影響，但不能遽然斷定將來政策之決定全般袒我，希望兩黨產生一共同之外交政策亦少可能，但不得不較為積極。麥帥在參院軍事及外交委員會主張補給援助給予蔣總統，並允許蔣總統自行判斷如何使用，其所部又宣言云，美國近百年來在太平洋方面的最大政治失誤是容許共黨在中國坐大當權，又云一切限制使用力量之行為均屬姑息。又云韓戰無限期拖下去，不勝也不敗，那是最壞的途徑，聯合國如不願攻擊大陸，美國最好單獨行動。五時汪竹一來譚立法候補委員聯合會尚有應補者數人，伊亦候補之一。余於飯後答拜莫紀彭，坐獨樹小亭吃西瓜，有美國雜誌載空軍司令□□□文，美國空軍優勢，西伯利亞鐵路單軌，運輸力量有限，蘇俄在東方不會發生戰爭。出，尋向采、秀武走銅像東乘七路車，至西門市場下，伊等候電影，余返。陳伯稼、仲經兄弟來，坐草坪云，昨日倉頡，台人在孔廟設位並像祭之，又考試院借了禮堂，不祭孔且未行禮，管理員現已謝絕借用大成殿。伯稼云孔夫子在台灣似較接近民眾，余云內地尊而敬之，等於敬而遠之。陳君昆弟去，孫再壬及邱梁來，草坪風涼，銀光燈照耀，頗為暢適。

5月6日　晴

晨起身頗早，走中央黨部遇赴烏來游覽車。走至杭州南路宿舍，在酆曼雲房小坐，伊女將考大學，伊夫沈君在台北紗廠工作。上樓見祝毓妻，自東部乘車至今又因耳際神經不平均發生嘔吐。下樓，由王媽領至沈善琪家，伊已勉赴交通處工作。轉回至女子師範，參加朱經農先生追悼會，蔣夢麐先生主祭，王雲五報告朱文長來信，最後由程天放、王鳳喈演講乃散。余至雷孝實家，飲日本啤酒，遇王節文及其夫，兩肥體如雙福字。張伯常昨傳被捕，實則總統批伯常自請調查之文曰傳質，而保安司令部以逮捕方式出之，隨由周君亮保釋。余至雷家，孝實方自伯常處慰問返家。余坐車至鄭家飯，今日立夏，有鹹蛋及皮蛋屑爛蛋等，皆不鮮。一時至溧陽同鄉會繳港澳救濟金五百元，芮晉語我中央黨部同志某君在重慶坦白十餘次，卒被派任土改，不知何往。二時至強恕中學，余同冷欣、錢用和集江蘇民意代表商討發給港九無飯票難民救濟金如何造冊問題，結果由縣調查造冊，而省由余三人為之領繳，各縣有組織者交組織來辦，無組織者由今日到會者推人組織，當場在黑板上寫某人負責某縣，得三十餘單位，江蘇共六十三縣市也。五時散，江蘇人到者尚不少，張君送余回。秦啟文擱腳休於草坪，余閱新思潮王漢中英史家曲泛陽自傳及其史論，曲氏謂史學兼科學與文學兩領域，蓋發掘歷史事實必須採用科學方法，但為讀者解釋事實則必運用生動之文字，此說余亦謂宜如是說。飯後浴，聽廣播傳籃球七虎盛況，歡呼極盛，今日清晨見排隊之擁擠。余於運動主國民體育，職業運動家余所反對，至售票有黑市、義賣球係勒索，更足傷害運動道德。

5月7日　晴，下午曾雨

晨車來接，入中山堂絕早，八時三刻聯合紀念周始上座，臧啟芳白頭白鬍白眉雕花面孔，與錢公來一頭黑色引人注意。劉健羣作報告，自立法院長立言者兩段，其餘還可，時間不長，和尚不破我見，所以轉身為院長歟。會散歸，擬函太倉同鄉請報告到港九同鄉人名，稿成，往自由中國勞動同盟託周君書之，叫吳瑞生送來。飯後高臥，臥起閱報。五時後乘圓路車繞一大圈，經南昌街而至雷孝實寓，又遇臧啟芳、吳醫生、王節如及項价人女，至賀鳳蓀出去為人補習，得資以充乃弟學費。飯時菜甚多，飲特級青酒，余不敢多飲。飯後李夢庚先生來談。余回寓寫信封約三十分，董作賓（念堂）贈余朱書契文、小中堂及虎皮紙聯，紀律委員會送來馬承坤案，囑余審查。夜臥後，鼠嚙蚊嗡，被潮床短，種種不適，不易入夢。

雷孝實寓齋書事四首

龔兆餘生日

生日青春最可誇，添燈設盞傍窗紗，
知交幾輩誅夷漸，闖入雷門當酒家。

賀賢賢唱虞姬

倩君試唱便興歌，鶯囀晴林隔水過，
我盼中興意氣盡，誰於撫字細磋磨。

張伯常傳質後孝實往慰

炎威初夏憶梅香，人世艱虞歷一場，

詩較瀘山邛海畔，另開新境再商量。

王節如、吳俊昌夫婦來飲

水小舟膠宿處難，幾家夫婦得團圓，

兩頭公寓稱攜眷，今夕雙筵祝暫安。

5月8日　雨

晨至榮元，洪亦淵不在，得晤徐、張。出尋朱育參，託伊發信，並抄底子。入立法院，院會報告疏散建屋事，既而討論准假與否之紀律委員會報告，至午不休。下午天雨，候至四點半缺十二人，余乃歸。至勞工同盟添寫信封，至鄭家又添寫數人，約近六十人。夜飯有豆瓣瓠子及冬瓜百葉結、四季豆排骨，味均美。飯後譚與溧陽狄姓往來事及迎陸舅母柩歸殯事，雨中走返。晨曾往中改第四組取閱卷費，歸後購沙丁魚食之，取罐頭時別盛牛奶罐頭落下，打碎鄰長家玻璃缾蓋，賠十元。

5月9日　晴

在高雄未上船而被扣之美金 120 元，經託申慶桂函台南稅務取還，久託人帶回，款存高雄車站黃壽峻處，屢託秦啟文問訊，今午原件歸來。飯後走何子星寓，託伊覓友香港暫墊交孟兆錦，余仍寄百元，劉象山則五十元全寄，阮徽音不知此番寄遞有周折否。在子星處遇青浦人來聽曲之陳夫人，相與言笑。一時許聞蔣慰堂來台，同子星車往姚從吾寓訪之，晤從吾夫婦暨沈剛伯夫婦，剛伯首如飛蓬，其妻面架同曼櫻姪女而美。予等未遇見慰堂，慰堂方同田伯蒼謁朱騮先。予等退二十六巷訪傅孟真夫人，知俞大維將返而傅仁軌將進大學，聞仁軌十五歲英、法文及拉丁文皆可，傅夫人出雜誌上所登文兩篇。出，訪董彥唐，譚清明上河圖付印事，余請其寫洪範自契文出現後之新釋。於彥唐齋頭見喬大壯所書集詞句聯、張鳳舉所書立軸，鳳舉現在日本東京，十六年余與之在南昌、南京相見。余又見傅孟真廿九年一月為彥唐所書「平廬」二字，長跋比彥唐為漢之張衡（平子）。彥堂為孟真印紀念冊，搜印遺墨，以其譽己，屏不列入，自有高致也。自董家出，問對巷廖南才夫人不在家，乃尋俞成椿，語我成煐又懷孕，梁維綱不大懂得照顧妻子。維綱四月二十九日自芝加哥致予書，論時局問題一至七，誰在笑、誰在怨、誰在哭，未提一句其夫婦生活狀況，似有神經病。譚一回後，余同成椿走至儲家昌家，晤儲夫人及國大代表黃卷雲（浙江人，任江蘇婦女代表）。出，至五十三巷晤汪抱玄夫人及二女，長女書情瘦打扮，係前妻所生，次女粗腳素面，抱玄與謝承彬、于錫來及棣華兄趙老大打老法麻將。歸師範學院，至居先生家為其陪客，先到曾劭勳，已卸司法行政部常務次長職，談北大同學時假法庭、假國會，其時伊之興趣在國會，而梁敬錞實係法院服務之有數人才，顧是人興趣不在司法。既而湖北人李濟、沈剛伯、葉□□（醫學院長）、□□□均到，余譚同鄉會不可積極、不

5月11日 晴

院會為補人又起爭執，且將資格審查會所暫保留之青島案拍手通過。十一時談話會，歡迎韓議長申翼熙，熙云韓1945擺脫日本統治，而因雅爾達祕密協定把韓分成南北，南韓在1948七月選舉總統，方算獨立自主。韓精裝之部隊約二十萬，差一些者三十萬，後備七 十萬，北韓已潰不成軍。南韓人民約為二千四百萬，戰士死傷十七、八萬，人民死者無數。聯合國軍隊到者七國，回顧國際聯盟時代，無人理揣我們，一因今為獨立國，二為所奮鬥者為政治、經濟、民族、文化四大民主自由，三為我們所犧牲奮鬥者站得穩，做得對。孔子曰德不孤，必有鄰，我們有極大之信心，最後勝利屬於我們。韓父老云中韓同分野，故所遭遇者，自甲午到現才時復相同。本人希望出兵韓土，轟炸滿洲，反攻大陸早日成功云。余曾與申握談。十二時半乃同文守仁渝園飯，四川味，來飯者頗擠。下午臥，臥起整理昨自錦姪處攜回之衣箱，現惟冬衣福建兩扁箱、夾陽江一扁箱、單一扁箱而已。宋希尚上樓來講黃陵磯大水電計畫，一千公里以內皆受益，東可至南京，北至太原，所用美款，先設一肥料廠可以供給中美兩國而還清建設費用。又談黃河堵口中西合璧九原則。又譚導海，共黨依陳果夫計畫進行，頗能專一呈功。又譚嘉興汪胡楨惜為共黨用。又譚伊與惲震合作，乃略有計畫，朋友亦屬重要。黎子通來，先已考取公款，委員會昨發表需往嘉義，余勸其勿往。六時到錦姪處飯，本日又愁明嬰不肯睡著。夜飯後回寓，湯文輝來，新又在裝甲兵受訓，且擬學英文，邀余到西門町大光明咖啡。遇秦孝儀，偕一未婚之中央黨部男同志亦在吃西瓜，並望見季炳辰。茶畢，余搭七路車，遇宜興人講儲南強曾兩任南通縣知事，其修理宜興二洞實為準備張季直往游，張卒未能前往。本地人反對之者為沙炳元，謂庚桑出於道書，是洞原稱張公洞，漢書有記載，可擅改乎，以故南強在洞口考（一）、考（二）、考（三）大做文章，二本地人謂南強整理是洞頗用洋材料，有損兩洞自然之美。余謂用洋材料是不得已之舉，張公洞改稱善卷洞自較雅馴。與余語者並云儲君殊有俠氣，曾將任姓虐待儲家女為妻之人割破皮種大麥，任、儲積怨，不通婚姻。余至錢家說明明晚不能往飯，錢夫人已購方塊肉候余，約後日晚往食。錢夫婦送余至巷口，遇王世勛夫婦坐三輪車回，本日王嬉圃遷建國南路，正寒暄間，車來，余飛奔得上七路車回寓。

某年余妻隨人往游庚桑洞，歸而病，不能興，余調之曰，此番是否到了跟傷洞。吳音庚、跟不分。

5月12日　晴　星期六

上午財政委員會討論台灣糖業政策，李崇實、楊繼曾、王文蔚均來說明，正擬減輕糖貨物稅，而省政府又議決今年仍百分之六十，明年允減至百分之三十五，正是顧自己威信實足，而不知置立法院於何地。十一時半余回，下午臥，四時至汪抱玄家譚周紹成入台證事，又譚王艮仲如何投共，艮仲子不直其乃父行為，現在台灣。五時至王德昭家談五四運動事，包君編青年運動史，謂校長蔡先生召幹事狄福鼎予以鼓勵，與事實不符，余辯正之。六時在楊寶乾家飲青酒，有季君九餘送維他可樂，菜以筍燒醃篤鮮為第一。錢中岳陪余返寓。

5月13日 晴，下午五時後微雨

晨因浙江人王惟英之父被殺來訃，余寫一窄條輓之云「十分普遍來哀訃，一日不忘為報仇，眾怒蘊騰扶孝子，宜收涕淚執干矛」。太倉同鄉凌績武、顧一鳴、湯文輝來譚，李向采亦來尋余，余同向采入同慶樓吃炒麵。余至善導寺，王家開弔在明日，余參觀本晨釋迦牟尼生日禮贊，男女宣佛號膜拜者無數，甚為虔誠。出，至向采家，勸王培禮隨遇而安，譚鍾堅忍抗共之勇，開飯略來蝦及排骨，乃至鄭味經家飯。二時回寓略臥，李德元來尋余。三時至台糖大禮堂參加崑曲同期，張其昀、陳霆銳、曾虛白、楊繼曾、陳公俠之弟婦黃盧小珠均至，徐穗蘭唱訴因，趙守鈺山亭，徐太太唱折柳陽關，徐道鄰來擫笛。五時半余離，至錢家飯、王家談，同陳敏回。連日傷風，至今未愈，浴後即睡。

5月14日 陰雨，午後露晴又復濛雨

晨李家瓊來問訊，並云其母藏有清道人畫小件四幅，擬出售。送伊至台北汽車站，之後入中央黨部紀念周，沈昌煥報告麥帥免職、對日和約及英國態度三點，云應爭取日本同情，勿斤斤於責償，英國態度必要時有轉變等。散會，余介紹與本日主席時子周一譚。出，坐車至善導寺，將輓王惟英父之詩交與李子寬。入立法院

資格審查委員會，李培基妻女及女婿來請願，會中派王秉鈞、夏景如出接見，李之家屬爭培基陷於匪區，不能受附逆除名之惡例，余查「未有附匪言行，不以無故不出席論」載在嚴肅紀律辦法第三之乙款，今院會交行政院查明，行政院作除名之決定應先報告院會，將出缺情形確定後，然後再補人。而熊東皋主張即補，謂余冬烘，三十年文書處理白處理了，又云上次青島市之保留及李煥之之再查，皆聽了你話等語，意氣謾罵，余置不理，同座皆以為余有涵養。余以為熊說無理，故不與爭，且連日黑糞，恐惹肝病，故忍之也。下午三時尋周啟剛、蔣公亮，皆未遇。五時至鄭味經家，東洞庭葉君在，同飯，譚笑話數則。飯後歸寓，先加入高、慶、秦、李草坪納涼，既爾向采夫婦引二甥來，購香煙、西瓜款之，請他們坐車回去。余浴，知路平甫託女客帶衣件上岸，女客挾之而逃失，真人心不古也。張叔良偕弟李異琨來訪。昨同學李振彬來贈山東綢。

5月15日　晨小型颱風，雨殊猛，下午晴風

晨雨陣猛一陣。粥後行至院中，知李培基除名等案今日不提出，還須再審查一回。晤蔡祕書及□祕書，昨熊東皋昨亦與他們吵架。晨院會為苗栗民選縣長劉定國法庭判決以現役軍人當選無效，徐漢豪云現任者為現役，現役者不一定為現任，大官軍人可兼文職，小官則不可，語均中的。余意立法院於請願案件應有規定如何答覆處理，何者提會討論須有人提一議案，以節省時間。十一時余返，飯後臥。二時徐向行來，述再覆審戴

郛仍無罪，且以軍法處平反案件不多，前日又召當事人、法官合照一相，以作對外宣傳，香英亦往照相。同出，往尋朱慕貞夫婦，皆不在。尋洪叔言，遇金侯城寄女及婿胡君。取血壓機還俞時中，遇其父母及寶寶母女，既而其婿亦來。余至味經家食厚薄餛飩兩種，林在明回，伊將錦樹及攀緣性綠佛懸於樹枝，甚有雅致。余回寓途遇陸味初、秦啟文，正避開請客，請客為立法委員居多。余與錢中岳在樓上閒譚，云亭林張思誠被殺，不知確否。台灣詩人寄來六月九日端午節詩人大會請柬。草坪客散，余同陸君坐竹椅乘涼，剝橘食之，水分已不足。至圍棋開始，余上樓閱報，上海自四月廿七日始捕去三萬人，不知余二弟一兄一甥及其他親故是否在內，極度不安。十時寶山唐纘之來，問港九難胞如何可來，伊辦魚會，講捕魚先探魚群所在，然後往捕，多捕逢時價低無益於事，捕少逢市價峭亦能得利。

5月16日　晨颱風雨，午時勢猛，晚晴

晨閱報，知上海四月廿七日起捕三萬人，往中華書局探聽，云有小報載上海捕人時車舟交通停三日，使無可逃，捕人後解回本鄉，命人認明，使無所誤。孫再壬知余心頭沉沉，購鳳梨款余。邱梁不在，局壁間貼山水一幅，係臨摹之作，案頭置日本印支那南畫大觀，共十六冊，收羅宏富，黃向堅萬里尋親圖無一幅不印入，真有毅力，惟印刷間有不清楚處。余最愛沈石田，漠漠水田飛白鷺，陰陰夏木叫黃鸝，水車向岸，而一女停舟聽鸝，真入神之作。余走吉林路五十一巷三號訪王師曾

夫人，問長沙陳兆揆是否邀約湯文輝事。歸寓觀雨，梠管中破，雨自上側瀉似瀑，余凝望久之。下午閱大陸二卷九期，函董彥堂補一卷第一、二兩期。五時半歸錦姪處飯，嬰睡無人照顧，余飯後將離又揮淚。歸寓閱暢流，病文冗長。自本月起有前在重慶兩路口開瀟湘之廚房長沙彭長貴來任寧園之廚房，魚翅成堆，油耗上揚，下手二人，殆以此為包飯之大本營。焦立雲得免為火頭軍，引為欣慰，空池聞將養魚。彭係秦企文所介紹，企文素主用一較高明之廚房而不往外叫館菜，此時始實現其主張，但事實上亦有困難。午飯余等則嘗彭廚供養五簋，陸世榮云店大欺客，客大欺店，包飯諸公今後殆將吃苦頭矣。

5月17日 雨

晨赴財政委員會聽刁培然、趙志垚、趙葆全講分區設行各國制度。出席資格審查會，江蘇朱華附逆以喬一凡補，工會張建白以田亞丹補，皆通過。河北李培基內政部指為附逆屬實，而家屬請願不承認附逆，提大會。會畢，余問熊東皋何以前次開會盛氣詈余，東皋執余手曰「你老先生我差了」，余不忍再說，遂別。中午飯炒雞丁、爆雙脆二館菜，肉片湯、鹹菜肉絲兩家常，飯後臥。三時中央日報監事會五監齊全，胡健中來主席，馬星野報告紙、財兩缺，四月結算已虧五千元。散會，沈階升贈余酒。余至雷家吃燉豆腐，望之目眩，其姊牙痛，孝實外出有應酬。賀鳳蓀唱八角鼓兩段，京音大鼓一段，云傅西園、溥心畬皆會彈弦子，諸人且皆能彈大琴。八角鼓為馬上娛樂器，八旗子弟皆習之，有幾調民間本不唱，清亡遂唱入民間。鳳蓀稱溥氏輩謂祖母舅，伊蒙古卓里克圖王女也。飯後同望之、項小姐植物園走雨一回乃歸。夜寒，已展蓆矣，重復卷藏。今日盛松如實習歸。余浴後即睡。

5月18日　雨

晨粥，有肉片及炒蛋，有如昆明龍志舟榆園招待所派頭，過豐盛矣。入立法院交施文耀香港匯款，託台灣銀行月可匯二百港紙，款交顧福田。晤施時距開會尚早，文守仁語我李申伯押回巴縣被殺。余留重慶日，請居先生歡宴川省老同志於南暨門臨江□宅，朱三爺叔癡及四爺、李申伯、熊錦帆、向育仁、呂漢羣均在，最後攝影唐式遵來參加。式遵最先成仁，語胡宗南云我有馬一匹，誓在川省作游擊，能走一日則抗共一日，不能走則死，決不離川境，將來無面目見本黨先烈。叔癡先生跪玻璃屑、冷水澆背死。呂漢羣送賊受偽命見殺，今申伯先生又被殺。文守仁謂李先生在軍閥治川時期任省政府祕書長，不取一文，本人在法幣跌落時期購飛機票缺六千萬，守仁願暫借，申伯先生不許，以翌日走一天叩十數家得湊借成數，其臨財不苟如此，惜哉、惜哉。崔書琴交余在陽明山櫻花下矮牆頭為余所攝之影。開會，為張劍白、李培基之出缺爭執甚多，余又同陳顧遠商停止補缺之道。十一時余回寓，申慶桂來談，云張目寒自香港運來糖為兒女婚事喜果，恐不能通融，自港來者每人攜物不得過時值美金二百五十元，須合身分而不是營利之物品。申去待許久而飯，飯菜為炒豬干、炒牛肉絲及干貝小白菜、蘿蔔肉片湯。夏伯祥來為華致康約星期日（二十日）法主宮廟對面華寓夜飯，云華君係榮元夥，現日經營布業，大半係軍裝用品，包得到買得到，頗為獲利。而榮元本錢為徐昌年君攜往日本，昌年小算，先君子而後小人，因其姪之介紹得識原名袁其宏而改姓名為徐復人者，任為榮元經理，而人皆知復人係昌年之姪，拉一汗毛痛，被人揪住頭髮則不能動。復人大手筆，廣結政府中人，而不計放款之得收回與否。榮元因資金不繼、放款損失營業不振，久已停門不做，而政府疑為有營金鈔之嫌，曾來查抄張伯雍住居、徐復人家，為怕黃衣糾問也。復人去年又曾經營維他可樂，亦以派頭太大，出貨後錢不歸來而至停歇。夏伯祥損失二條，張伯雍損失五兩，以故亦淵亦陷於困難，徐篤行為亦淵經營無所獲而送亦淵千金，亦淵與伯雍以寄家用皆不足。榮元已將店房售於鄰鋪，償清債務而散。又下女蔡燕忽有妊，其人燒菜極佳，不大出門，不知何人與之生育，亦趣事也。夜柳克述請客，榮元前司機現為柳次長開車，云榮元車已出售。

三時半至立法院，討論三七五減租條例十六條轉租及出租人收回自種問題，聽至五時。至樓佩蘭寓中閒坐，樓云張篤倫之入境證係張羣、何成濬為保人，張有巴西護照及日本旅行許可證，而岳軍必欲其入境者，云是政學系之系產係篤倫保管，但徐會之供中牽涉篤倫於共黨南來時有靠攏之意。熊東皋以此說宣傳於立法院，立法院中人於張之保釋殊有懷疑。

七時柳克述與錢其琛請客，其琛病關節炎未到，余為照應一桌，同座皆立法委員，吃彭廚菜，三百元一桌，味可，談笑甚歡。余識朱點（異三）及新嘉坡□校長，譚立法院應印刷同院錄以為紀念。

5月19日　晨雨，午後晴

起身後汽車來接，即入中央黨部，距十時還遠，閱烈皇小識後之研堂聞見雜錄，沙溪王有楨所作。敘乙酉八月初一日清兵自柴蕩入，璜涇人民匿蕩數千，一兒哭，多數人被殺，遂掠璜涇，後數日，研堂又望見璜涇鎮起火。十時開會，討論選舉處分案三、四起，如劉定國案違背黨紀是實，但臺灣之行選舉，選舉致啟糾紛，引起派別，造成英雄，多所化費，惹起流氓，而其間不平之事甚足以積成變亂。諸紀律委員籌議久之，擬於紀律案外再陳意見。十二時散，任卓宣來商帕米爾書店招股事，任意江蘇立法委員每人一股，由余為之集股，余曰如是則錢可集，而股東不來表示意見，不如招有意於書業而能大數目入投者。卓宣要求余為集一千元，余允七月試為之。任來時徐向行來候余，余於飯後同伊往尋曹浩森於審計部樓上，託曹向總統府上校參謀都昌余樹芬說明，曹允向劉士毅說。余乘便到王家弔喪，尋久之始得余所送詩。回寓，同鐵路上人赴圓山大飯店賀莫葵老次女嫁張執中，禮堂遇胡立吳，行禮時諸人嬲余作來賓演說，余先與凌鴻勛均辭，鴻勛曰我等皆父執，莊則無趣諧，實不宜，不如其已。余慮臨時強迫，乃出，走上圓山頂，古時貝塚也，環塚為海或為澤。下山，得任君送王啟光車，乃返寓，殊力乏。本日圓山上下路滑，自晨至是數動作均違心，興高力出，心違神疲，此不可強也。項小姐本約以二時來尋余逛動物園，忽以電話來云赴高雄，中止此約。

崑山二高學生徐祖武自香港五月十四日來書，云不見余者十五載矣，二十七年自鎮江間道至漢口時，余已入川，時生遭父喪，得余資助，隨伴經穗、港返滬。二十八、九年蒙馬元放提攜，與朱敬之等參與縣政。後因馬君離蘇，朱敬之困頓滬上，生因經濟緊迫，與吳天憾、王一方、□達三同事偽政府，重遺師門之羞，迄今思之，懊悔莫及。三十四年專誠赴徽州，求章人寧向師座伸下情，未蒙賜教，乃往金華電氣廠服務。餘如致洪亦淵信中。

夜飯後往鄭味經家，知鄭入基隆醫院照 X 光，其母陪往。味經云美不以物資資敵政策，下香港定單均退，茶葉改為與台灣交易，而台灣內銷價忽漲三分之一。又怡和洋行有船，可自香港上船而到台灣上水，海關應予注意。

回寓，臺灣省政府祕書廣東□□□，引新自香港來之三區公路特黨部監察委員揭陽謝仲仁來，云陳宗周確已將足醫好，下月將來台。宗周介謝謁余。

謝上樓時，錢其康持鎬城書來謁，已知乃父之喪，擬離港來台，願任英文祕書或繙譯，月入美金二百元，伊在港所得月為港幣一千元。其康已娶台灣女為妻，生一女，去年曾營洗染店，虧本金十餘兩，云台北市洗染店大半係債權人所開，一洗廠需有三、四家門面收下衣，然後方能支持員工開銷，店面捐稅重，而陽明山管理局為尤重。伊現營之修車廠在第一酒廠靠近，位新北投溫泉里，云北投特種業尚盛：（一）因有特種收入者往化費；（二）經營不利者往自我陶醉。

5 月 20 日　晴

晨入中山堂參加中國憲法學會成立會，張懷九主席，居覺生作來賓演說，會員僅一百餘人，遇朱敭春、梅仲協等。會散，到中華書局為何子星書扇面，錄黎二樵、惲南田題畫各二節。飯時飲白馬半盃而口渴，菜有筍油醬，遇陸孟益。一時返寓，李涵寰草山受訓畢，穿上尉新軍服來訪余。錢其康率婦中瀝李對，抱新生女一月缺一日來望余。余名女曰思曾，慘殺與新生相銜接也。女睡余床，而余等坐草坪納涼。四時余略休，五時至鄭家，鄭明留基隆未返，坐庭中看牽牛花上牆一回，即至榮元。轉至法主宮七號華致康大達布號，華婦健甚，生一子一女。夏君為大司務，以炒鱔糊、清湯鯽魚、腰片軟干為佳。房東鄭孀、鄰居茶商某老翁、賀君夫婦均同席，台灣酒余未敢多飲。席散，見善男信女禮法主宮者極多。本日為四月十五，月圓雲少。回寓，陳誠夫婦在草坪宴集男女，歌唱稠疊，食忠園菜三桌，汽車填門，門有軍警把守，笑聲時起。聞為反共抗俄會宴請行政院長夫婦，誠克難時期之珍貴史料也，在場掀動最起勁者為倪炯聲妻胡女士。

5月21日　晴

晨八時車來迎余，在紀律委員會商議公務。九時紀念周，蕭三爺主席，曾虛白報告蘇俄如何奴役農民，謂分田及耕者有其田乃初期說法，今則取消集體農場而為農鎮，其意在取消農人的農人意識而悉為工奴，中共將來亦必取法。會散，余持俞成煐寄來包裹單而到立法院蓋印，送關務署副署長申慶桂，託伊派人去取。午時邱紹先來，蓋印於昨寫扇面。午飯後臥，臥起葉君來訪，譚臺黨營電影院事。錢十嚴丈來，樓上憑窗小坐之後，又坐草坪大樹蔭下，談蘇州船菜先為陳三，次為□□，最後為金鳳，媚態稱最。船以江山船為第一，謂得山水之清氣也。五時車來，往探秀武，旋參加申冀熙夫婦茶會，遇王冠吾、張岳軍、王亮疇、吳鐵城夫婦，申君明日返韓。六時至鄭味經家家飯，以蝦醬燉豆腐為最美。飯後歸，秦啟文腹瀉竟日，未往辦公，入晚較愈。晨黃廉卿來訪。午覆錢守塘、徐培書。

周君梅來信：一、江南鐵路被共產黨接管報告；二、信限信到十日無提案，則以前股東會決議仍生效，而蔡經濟會計師亦應繼續查核公司帳目，信中並附蔡向周賢頌賠償名譽及直接影響於業務之一切損失，殊屬無理無義之極。報告中載靜江先生雙目失明在三十四年，體力之衰在三十九年之夏，骨灰葬紐約附近之鳳尾巖公墓。共產黨接管後稱此路為寧蕪線，直屬上海鐵路管理局，板橋改稱古雄，銅井改名金家莊，大橋改名塔橋。浴後同寓中工人劉雲本譚三十四年共黨到山東分田事，並與焦立雲講香椿頭為美味，立雲云其父懂培接果木。

5月22日　晴

晨起，秦啟文謂余又於昨晚夢中啼哭。余髫齔見后氏譜，先君注字甚多，而后學詩被殺，族眾又令余注字，余因嗚邑。盥洗後，為仲少梅題成都詩婢家陳師曾雙柿圖：

容易槐堂柿一雙，微髭瘦手古眉厖；
卅年我愧婁東友，怯畫情因心肯降。

寫成攜至院中，仲肇湘未到，乃至農民銀行託轉交。余問少梅先生嗜酒否，人答往年煙霞客也。余入物資調配委員會訪溫崇信，請爭做豆腐之豆仍舊如豆餅、豆油之配給，以裕民食。昨鄭味經嫂云豆腐增價一角，又有人說加培。余以外國人不知此為中國平民食料，豆腐增價則其他均隨之增，故願溫君爭之也。於路上見有懸總統府徽章者，問之姓王，拉其領入府中見許靜芝、葉寔之、吳治普、胡立吳。余與周宏濤談戴郛再覆判無罪，請其注意。寔之云總統府有來翻抽屜者，將二要件擱置，案發，一人槍斃，一人無期徒刑，門禁之嚴為此。十二時返寓，院會質詢李培基出缺案者三人，而夏濤聲質詢缺額自某時起不補案，及調查及於請假而動機為內政部某司員想補其缺內幕，情形非官之常。余聽至十一時，始至農民銀行。下午質詢者四人，內政部長余井塘答覆調查不算馬虎，附逆不算無據，於易伯堅、張堅白、李培基三案逐一說明。最後謂立法委員任期三年，候補人之任期至原任期屆滿之日為止，本屆算至本年五月七號，凡五月七號以前出缺者，手續未及完成准其提補，此後缺額不補。至五時半，余至錢家，羽霄等正打牌，余於王家吃錢家之臭豆腐干。飯後本約去訪王蟢圃，未成。余走南京東路，遇中監會工友黃友榮，神經病已愈，語我馮王喜在成都得二百元，送余至惠通橋。余至京士家與楊克天談治痔使痔硯乾落經過。出訪袁永錫夫人，小孩一百天，重十六磅，其家電燈熄滅，未入。後又尋吳保容夫婦，已他出，乃坐車回。與啟文譚萬事不盡如人意之苦，伊病探訪者多，伊扶病到辦公家回絕流亡學生戲票及以出售愛國獎券為名而欲租地造屋兩事，本人雖嘔氣，而公家省了事。

5月23日　晴

晨粥，燻香肚甚佳。九時往美容理髮，余付三元，不吹風、不抹油，如付錢請找，則店主祇收二元，兩相客氣以為常。立法院加開院會，上午通過追加預算。下午為鄧青陽辭而不辭，發言人甚多，江一平代表紀律，亦以大會既有三個委員為之證明，而鄧辭職信中亦有抱病之說，大會准其補醫生證明，則亦可通。余作聯語云「人情泛濫，紀律逍遙」。包華國發言竟引原捐款為甲項用途，捐款人可另換用途云云。余於五時返寓，坐草坪稍休。六時到錦姪處飯，以臭豆腐為佳，白切肉為下，余抱新外孫一回，已頗能發笑。飯後走中華書局晤何子星，云蔣慰堂病足，仍住姚從吾寓。余閱南畫大觀，胡玉崑（元潤）鍾山、石城、方山、攝山、芙蓉山、祖堂、雨花台、莫愁湖、雨花台、燕子磯，每幅皆題七絕一首。詩以燕子磯為第一，詩云：

解纜當年鐃吹聲，磯頭酌酒暮潮生，
江光直撼孤亭迴，雲影閒拖二水平；
楚國樹連新血淚，京關梅落舊江城，
憑欄猶記同人賞，半夜漁燈隔浦明。

石城三、四云：
山勢自殊三晉秀，江流難辨六朝音。

皆為明遺民懷故國之作，燕子磯弔鄭延平兵敗躍然紙上也。八時凌普（字同甫）偕妻盱眙吳氏來，云是吳棠孫女，有意如忠園成立家庭菜館。余與諸人說笑，至十時方回。

晨院會，休息時間上畫廊觀蝶展，其人凌宵自幼愛捕蝶，以採自峨嵋、樂山者為多，有喜陰濕者，有食糞及溝水者，有如枯葉者，翅中脈如葉梗，真奇觀。有兩相交尾死而不解者，顏曰同命鴛鴦，出展者故神其說，不知有約而不成鴛鴦，死生契闊而不交尾者之更為悲也。

今晨二時許地震，樓床搖動，余為驚醒，震央在花蓮海底，台灣有時成災。午間念家，曾作福田兒書。

5 月 24 日　晴

晨為詢問瑣事走至中央黨部，與楊有壬、楊佛士譚一回，取齊魯公司畢天德等查辦油印件而回。途遇徐銘，引余參觀台大醫院外科病房及手術室，伊上午在醫院，下午在家應診。歸寓閱畢天德等卷，有過采原控人意見處，但畢等三台公司之經營確實舞弊也。十一時半汪漢滔、紀南新自香港來台，伊正月半後離滬，云晤書三尚安，又言朱雲光已卒，王學素五月一日被槍斃。伊未得路條，在廣州找保、深圳過關皆遭遇困難。下午余睡，石年丈來送徐文英漢篆石章。上下午財政委員會研究中央銀行之分區及台糖政策，余均未往。於無聊時閱紫色的愛。五時至雷陸望之家，與其姊妹譚話，留飯，請賢賢陪七娘娘觀沈元雙戲。孝實歸，意欲飲保安司令部贈燒酒，其家人知其如此，酒中和水，孝實不樂。又其家有垂楊兩株，楊枝垂地，為台灣難得見者，花匠剪伐得如其他樹形，真可笑者也。

5 月 25 日　晴

晨院會，報告案中列行政院改自明年起白糖仍 35%、紅糖仍 20%，此案已審查完畢，以今日即應改為此數，發言者甚多。崔唯吾又上臺報告，擬六月一日起再延會，以完成若干法案，眾意俟下星期一、二、三，三整日開快車之後再說。後方討論三七五減租條例。余歸寓，張志剛來商借電風扇，俾伊妻開設之理髮鋪風涼些，余允往商。張係未獲中監會其他福利者，張現為羅志希司機，羅新割疝氣，住溫州街口招商局宿舍，余乃往訪，得見程道復千字文卷子、錢穀冰蘗圖、大滌子費氏墓田圖，皆非精品，但志希房子中所懸大滌子論畫曾載於苦瓜和尚集，而字有差異者，又鄭板橋風竹則皆精品。志希體微軟，同到姚從吾家訪蔣慰堂，毛子水在，同學六人相識在三十年以上，頗足珍矣。出，至中央日報中飯，諸改到者自辭修以下十餘人，董顯光將赴美，實餞席也。諸人暢譚紐約時報，如顯光1913卒業後曾入該報工作，並於日本回國初晤中山先生作特寫。紐約時報為邱吉爾□□所創辦，曾被人攻詰，辦報者至以機關槍掃射作保護。紐約時報係猶太人所辦，而詈猶太人之文亦登載之類，諸人說得高遠，惟羅志希推廣外銷不作小競爭為中肯。余擬說紙、錢兩缺亟應綢繆，繼思中央日報決不會出報無紙，又今日非執監聯席會議，何須說哉。一時半散，未往參觀機器。回寓即至西寧南路新亞蘇松太同鄉會，到徐燕謀、楊可等陸十餘，沈昌煥講今年與去年大不同，明年當能回去。四時半食點，五時散。余同楊明暉訪吳開先於廈門街三條通九十九號，見其二女，見伊妻同學之妹。譚香港第三勢力已形成，其所營之俱樂部出入者日一、二百人，張向華、李璜、顧孟餘、彭昭賢、童冠賢、張東蓀、黃旭初等為常務委員，已形成一組織，設政府派雷震、洪蘭友之後隨即積極拉回，或不至如此云。於廊座，晉拆燒包。中室懸程滄波所書五十壽聯云「忠貞見危難，金石□春秋」，余意宜改作「岡陵方起伏，危難見忠貞」。滄波所書頗靜穆，似較其父南山先生為雅。自後園出，至五條通口訪周翡成，伊病新愈，服葡萄糖鈣，藥已貴。稍坐即至錢

5月27日　晴

晨寫劉融齋故事二則狹條送郁少華師，其一未寫上款。坐莫局長車，約鄭明同往樓桐蓀家，交為汪漢滔介紹事致嚴靜波函。桐蓀夫人譚論狄源溟或被共黨挾往西北，狄源滄或歸父母懷抱，其看法比余慮娶女共黨作媳，有子同於無子更為遠些。十一時半至寶慶路五號政府發言人樓上，今日郁少華師、過鍾粹、丁宣孝、王鴻磐四人宴請龍門世交同學，朱了洲、袁師汾等均到，新參加者吳開先、孫祖基、王祖庚，曾來而未到者賈觀鑫及葛建時、姚兆如夫婦。余出展民國四年一月余之卒業文憑，及向孫再壬借程瑤笙先生秋色圖，芙蓉、秋海棠、兩螳螂，諸人皆云文憑難得。郁少華先生云字寧拙無巧，余所書已沉著，伊正無一件補壁，頗為欣然。余書之另一張鴻磐取去。一時兩席雙開，菜不多不少，而情意歡洽，開先約於赴港前宴集一次。二時散，孫道始約朱了洲及余、鄭明同到中國之友冷飲，每份美金兩角，合三元餘。二時一刻鄭明同余走重慶南路，擇樹陰挽手而前，伊肺病有三疤已愈，頗欣然。在愛國西路與鄭明別，余入鐵路飯店十號見程滄波夫婦，方自北投山上覓房回。滄波云第三勢力已形成，許汝為不為美國人支持，伊請美國人裝備八師，美國人問何處交貨。顧孟餘先生則頗活躍，調景嶺上人幾為第三黨搜羅去矣。滄波將學詩，伊習隸書兩年，仍寫不拙，殆與我同病也。夫人神經衰弱，已老形。三時後崑曲同期，朱佩華吹笛有進步，陳永福病愈，說親、回話余聽最悉。裴存藩、竇子進、洪蘭友夫婦、張伯雍均來聽，食西點一碟後余回。在公園遇王啟光夫婦，攜二孩。在雷家見賢賢。六時至鄭家飯，鄭皓醫疑是水晶胎，鄭嫂往基隆，余步行返寓。陸君云有老人來尋余，不知何人。本日寓中雞大病，殤死雞累累，出擲河濱，幾為警察干涉。雞集體死，久餓一飽所致，盛憙曾無心照應，致有此失。聞自養雞至今資本為五千餘元，余未畜一雞，無所損失，但亦深惜之也。

5月28日 晴，下午陣雨

晨雷夫人望之攜賀鳳笙來取元曲選。余入中央黨部，同紀律會同事商分用電扇問題。紀念周吳鐵城當主席，讀遺囑及黨員守則均慢慢。十時到圓山禮堂聽陳辭修講總統未嘗獨裁、何謂第三勢力、游擊隊究有多少、何時反攻四問題。陳曰總統遇能盡其責之機關，如農村復興委員會，從未干涉，一年來財經小組批定何費應付出，何者應儘先，總統未嘗下過手令，故說總統獨裁者究係何事，值得研究。第三勢力能以國家為重，同心反攻，則求之不得，若以私人為出發點，指大陸游擊隊為他們之騙錢資本，並希望復國後政治舞台豫允他一分，則其志不足取，且又無人能如是允許。游擊隊有 160 萬，但在反攻之前，雖一百六十人亦不易集中，惟牽制力量甚大，一省市牽制匪共一師，匪共損失已鉅。至於反攻，須：（一）敵人弱；（二）我們準備周；（三）國際於我有利。今所謂準備者，不僅勝利，且應整備勝利之後各政。據傳匪於韓戰前已財政極度困難，今則惟恃幣海。我人回去之後，重建地方工作重大，準備尤充足尤好，如以近日屠殺大陸同胞，慘絕人寰，則尤早尤好。總統云反攻最足致勝之方法為匪共來攻，打他幾回殲滅戰，然後吾軍登陸。亦有人主張自北韓、東三省直搗平津者，亦有人謂宜另闢一線者。反攻之方式如何，非可豫定，精神上可謂現已反攻，除九百萬匪黨之外，大陸人民對匪共切齒，均可算作游擊隊云。最後余語周至柔謂辭修欲罷不能，必將提另一問題，陳竟將一部憲法是素有研究者盲從人多數人服從少數人之產物，謂現雖各方曲從並無不妥，此一憲法終宜修改。又講總統統率陸海空軍，軍令、軍政皆宜受成於參謀總長，不宜悉集中行政院中云云。余未十分聽清楚，散會時語伊不如不講之為愈也。谷鳳翔今晨在中央黨部紀念周亦講憲法將治權、政權未畫分清楚，立法院同意行政院長、質詢行政院務，監察院亦無行使監察權之限制辦法，現時大敵當前，大家相忍為國未發生不妥，若各院儘量推行憲法固有之職權，則行政院長寸步不能行矣。谷君主國民大會代表只須三百人，須能創制、複決、選舉、罷免，余云國民大會每縣一人係總理遺教，張其昀云蔣廷黻曾謂總理遺著未盡想到者，方法上宜求改進，則惟有國民大會代表二千餘人，常駐三百餘人，但何人任此真宜慎選，如為學識平常、鑽營出頭之人得之，豈非笑話。十一時半隨林彬車返北門，飯後得徐培香港廿四日書，謂朱福元赴日本之一切手續已完備，衛序初自江灣復旦宿舍押回原籍。飯時有魷油湯，凡余曾向彭廚提及者均燒給余吃過矣，但量多油重，余弗能兩頓如此吃。天氣漸熱，吃人家累人添菜，余亦多所往來，殊覺不便。下僧起勁，周枚蓀冷靜。說畢開始游藝，張翰書、侯喜瑞賣西瓜，梅蘭芳賣晚香玉，龔雲甫賣烤白薯。次延國符學洋人學中國話演說，次余作狗叫，次陳晴皋說笑話。次東雲章講京師大學堂張之洞為學部，劉廷琛為監督謁聖，送光緒及慈禧殯，在帳篷等半夜一朝晨及請老年人當證婚為廢物利用笑話。次丁一相聲，極有趣。十時散，食西瓜糖、香蕉、餅干等，夏濤聲、陳晴皋、延國符等均攜眷，洪深自遠處來，興致不壞。

5月30日　晴，下午又雨，不及廿八日勢猛

晨涼，起身已八時，昨晚閱書報，闔眼也遲。王豐穀又遭父喪，擬往慰，未得暇。院會討論統一稽徵條例，余於遺產稅起徵點主張為新台幣十萬元，卒通過為五萬元。中午應葉寔之招，王子弦、王啟江、續琅、楊佛士、張壽賢、吳道一。啟江講香港第三勢力如維他命B，然有BA、BB、BC、BE以至於BF，請美人助款，款出自美國新聞處，或為雜誌定款，或為新聞稿費，得之者自知投靠之恥而無法不拿，群望收復大陸，忽視台灣者有之，無反蔣者。葉君今日治菜頗多，余吃一饅頭、一香蕉、一橘，乃回寓略臥。入立法院時遇王孝華，孝華與啟江兩王成暗對，問余今日中飯好吃否足為證明。五時半自院歸，熱甚，同男女工人飲茶。六時回錦姪處飯，新孫會發聲笑。飯後赴松江路156巷十四號訪陳伯稼、仲經及其妹，妹比在穗垣、海口時胖，食鳳梨後尋白中孚，心藏有病。出。尋胡立吳、文守仁不得，訪外交委員會祕書之患腸出血者詹行煦，漸向愈。

搭十二路車歸，燃蚊香寫日記，錢探斗來電話，捉賭一節被人登一段在報紙，探斗不樂，秦啟文勸其忍耐。余入中央黨部宿舍及立法院宿舍，見各單身人擁擠狀，極為心憫，健適者尚可，病者真不可久居，陽光逼，世界小，直是痛苦。

5月31日　晴

晨入立法院，嚴家淦說明紅糖、白糖更改回復稅率的經過。十一時半余約丑輝瑛、趙佩、朱貫三到寧樓酒飯，均欣然稱美。飯後臥甚久，無聊時訂立法院人員名冊。孫仁偕一女友來，借去小說紫色的愛。五時至雷孝實家，孝實歸，略坐。少華將畢業於初中，求余題其手冊，在飯後食冰李肉之後，詩云：

綠暗紅稀五月闌，杏酥冰透覺唇寒，
大韓南北紛傳捷，滅賊（冊上寫上學）從今不復難。

飯菜以肉屑細粉絲為佳，又有苦瓜。飯後余至顧儉德家，告星六不往吃餛飩，又至雲和街慰王豐穀喪父，並云明晚不往飯。至居先生家，適偕友奕，余同君佩先生在客堂譚案。歸時於居夫人處得一元，擬搭公共汽車，乃於和平東路得趁費驊回空便車返寧寓。

6月1日 晴

晨為程家檉外甥邵祖恭訂正吳稚暉先生之生平，係投稿於暢流雜誌者，寫得頗為有趣。九時至立法院，今日延會一日，上午統一稽徵條例，糖類貨物稅群主百分之三十五，多數通過，余未舉手。使用牌照稅非私人用之汽車，余主照原列稅表減半徵收，眾人恨公家汽車私人用者居多，不肯分開，余說以附議者不足法定人數不成立。公私分開而不能成立，立法院意氣用事至於如此。北大同學李啟元（迪青）助余尋省政府現行稅率表，丘漢平同情余，交通工具係人民所需要，不必太高。十二時回寓飯，飯後院中仍有會，而余不樂再往。錢石年丈來坐，台北市江蘇同鄉會在寓中草坪開會，余講江南尚武、江北修文及同鄉會以聯誼為第一，在台北鬧市或在強恕中學修一會所實為必要。六時半至袁企止家，與譚梅必敬受訓案，旋許孝炎、張伯謹、劉慕真、張壽賢、滕昆田、白如初、郭驥、張厲生均至，飲白蘭地兩缾罄，菜以炸蝦為第一，素燴第二。飯前後閱明清人書札，何子貞聯底、日記、楹聯均佳。白如初語我立法院李培基、張建白案仍未通過，百人鬨起不耐聽報告，無理可說，主席漲紅了臉硬說休會而散，真不成話也，余早知如此矣。張壽賢送余歸，邱梁來奕，余購西瓜款之。今晨寶應喬一凡來尋余，未晤。

潛水軍車：美國陸軍部已製成，可以從卸船涉水區度過深江而直接抵達岸上，軍中稱此車為發奮海獺 Eager Beaver，牠的引擎排氣通過垂直的 Snorkel Tubes，牠的電線系統完全由一種不透水的礦和橡皮化合物所遮蔽，一切引擎機器的縫隙都用油質加以密封，使水流不致侵入，但司機須戴輕便的養氣肺。

色盲：男％三至四，女％〇・四。

6月2日　晴，微雨

立法院停會，今晨覺閒適。六月起祇領九百餘元，陳志賡稱為淡月，有家眷者不彀應付，余亦為家累重者焦慮，白如初謂余懂得人家艱難。直屬黨部無所事事，而七、八兩月先扣黨費，不知何人手筆，良足嘆氣。九時余尋沈崇宛，知梅必敬未赴火燒島，有開釋之意。路上于先生見余，停車相待，余謝之。余往戴家見徐宗彩，向行面黃眼黑，辛苦全露，丹山則赴陳良處。余同宗彩走福州路，余尋南昌路鞋鋪，鞋底已減工，余未之購。回寓，中飯有蒸湖南臘味，飯後臥，臥起戴郛來謝，云與林紫貴同繫，每日各人皆有送菜，比自己獨吃為佳，繫者頗有冤枉。三時戴郛去，余閱畢天德被議卷，決令答辯。晚請路平甫、王藜青及王夫人、錢中岳及同寓九人，莫葵老、王漱芳在奕，並邀同桌，邵家堃見太擠，先他往。飲白蘭地酒兩瓶，菜亦足彀，情暢歡合而散。飯後坐草坪食西瓜，余同中岳入永樂戲園觀西施，自浣紗至五湖，大體尚可。浴前樓上開關夾線走電，橡皮氣息甚大。上床閱大陸雜誌，未暢。

6月3日　晴

晨六時起，為暢流寫一書評，「泥娃娃」李光堯所作短篇小說頗有希望，為作書評張之。昨晚得余天民書，稱余詩近體渾脫流利，古體澹宕沖夷，讀之令人悠然神往，惟忙中揮毫恆多筆誤，前在南京拜觀大集即已面告，此不足為兄病，從古詩人亦往往有之，此詩稿之所以需人精校也，將來尊稿印行，弟願任校訂之責，友朋如兄弟，何所避嫌而不言，孔子稱以直諒為友即此之謂。九時搭圓路車，車新繞新生南路不走杭州南路，余至審計部方折往徐州路法商學院，今日青年黨為曾慕韓（琦）開弔，諸黨員畢集，想漢以來為黨魁已如此，余同張翬、劉健羣、皮作瓊同時行禮。劉院長車送余中山北路，余訪李向采夫婦，再到中華書局小坐，食鳳梨。十一時返，向、秀來飯，加豆腐皮底蒸臘肉，飯時坐走廊及草坪，涼風拂座，飲茶抽煙，極閒適之致，向、秀近時所未有也。三時許向、秀歸，余寫日記後略臥。四時半至鄭家，鄭今午同林在明出游。余等在後庭夜飯，鄰突煙屑落菜碗中、人身上。菜以蒸臭豆腐干為美，有類似黃魚兩尾，一些不鮮，不知何名。飯後余勸味經嫂節勞，謂前途有五十站，如頭上幾站跑得太猛則後力不繼，必致顛碚。味經三十八年七月十日傷臂，八月十八日船至定海，極為狼狽。七時至俞時中家，遇其父俊民、母六姊，約後日午後到余寓贈稷，俞寓極熱，余即返寓。既上床閱大陸雜誌，沈崇宛來囑向陳辭修等說話，梅必敬可以釋出，梅必廉信實係未收到之件。

6月4日　陰，下午微雨

晨六時起，啟文語我香蕉割下懸盥洗室後，昨日白頭翁一對繞樹尋覓，認蕉本無誤而蕉實不知何往，啁啾至再，良足感嘆，余擬吟詩記之。未就早粥，以炒粉代，用油較重。紀念周禮堂，余為梅必敬事作書與陳辭修及袁守謙開釋梅君並面言之。辭修在聯合紀念周講自五月起軍眷津貼月三十元，公教眷月二十元，此乃應需要，非以官職高卑而分，多少單身漢無之。十時返寓，正靜候友人來，王化南、申慶桂來談，王君問全國代表大會對於中央委員如何處置，申君論軍援謂如縣長給木殼槍於自衛隊，經援則先贈煤油燈於用戶而推銷煤油，王、申又大譚趙子懋一回，至十二時方去。飯時三紅色菜，余漸厭之。飯後臥，臥起往中本取利，趙耀東贈毛料，可做長衫一件。歸寓，交通部俞大維屬下茶會請大維，余於其下車時與之一握手。至厚德福賀唐文和婚禮，為時尚早，乃至鄭家，鄭明赤足翹腿有如船娘，又工為人梳頭，可為女理髮師。飯時以豆腐為佳，飯後味經夫婦及明到余寓樓坐茶，譚趙慶章事，余贈鄭嫂以茶。

6月5日　雨，下午晴

晨粥，閱書報。十時尋樓桐蓀，伊長子融融前日自香港來，已二十八歲，云曾於前年獲寧馨清華園書，已有反美之意。桐蓀論煙專賣出廠與市價，如雙喜相差幾一倍，海關估價同一貨物，因交情而可多估少估一成五，此皆漏洞之大者，如公私汽車牌價，公家出錢公家收之，何必折半，宜其前日院中附議者少也。出尋沈善琪，為昨日侯甦民說其早退，余往關照，知君陶被捕，壯聲傳已到香港，蘇州乘馬坡巷房充公，地板均翻起，香小姐又受驚而瘋發。善琪所得甚少，家中用人費用大，月盡擬辭職。飯後余閱自由談二卷六期，載謝琯樵善書，閉屋握管，愛人搔其足心，平居無事，以檀香木製成小棺，斲自己形像為木偶並縫製衣冠，自己釘蓋，乃曰我身後的事情完了。太平軍攻漳州，謝受點天燈之刑而死。林琴南題謝畫有云，先生足不出閩疆，書畫之妙乃無知之者，閩人之不善為名在昔已然，小子後生乃能稍稍潑墨，而名已嘩噪都下，展讀先生遺筆，不期汗出如濯也。又載貝爾理神父 Rene Bebbenoil 為了不肯說出他的園丁謀殺一個寡婦的命案而身陷縲絏達二十年，他為監獄的人服務，語人云「是上帝的意志把我帶到這裡來的，我是被選來撫慰這些囚徒的」，不抱怨也不申訴，直到案情大白的一天。此兩樁故事皆足令人效法。

下午軍人之在兵工廠者歡迎俞大維，鄭道儒又在此請客，人點栗亂。俞俊民夫婦來贈糉，甜鹹各十四，既而鈕長耀夫婦攜子來坐，贈糉八。余又攜八糉給錦姪，薰肉及鹹蛋送雷孝實、鄭味經。味經嫂為余聯俞成鍈寄贈之毛巾二條成一條為汗巾，六姊攜去格子綢，將為余作衣褲。余在鄭寄吃碗米飯，有燉臭豆腐干及燒豆腐，皆味美。歸，同任德真往朱虛白家，其母郁四月二十九日八十壽，初夜崑曲，次夜到焦鴻英，今日初一宜興同鄉厚德福兩桌，余乃闖吃，在簽名紙上書「康強耄耋，臺嶠陔華」八字乃歸。在朱家遇朱了洲先生及夫人，攜一子係六十三歲所生，及錢企佩、張玉麟，玉麟為厚德福法律顧問，菜自伊叫來，極無味。厚德福承洪聲、王師曾、林可璣均被擯門外，云將分裂，可供我黨作龜鑑也。紀南尚未得就，住楊雲處而歎寄人籬下，余解之云全世界皆向人求助，何必餒耶。因提十六年同住工商法規委員草創頗多，惜土地法不實行，致貽人口實。余謂當日覺悟窮人不可欺者嫌少，此番則必覺悟者加多，余則早已知之，故行動與人略殊，惜哉多數不覺悟也。鄭州路下車，與紀南在延平北路別。回寓，秦啟文請貴陽運務處同事秦錫疇、陳伯龍、楊洪釗、張任天夫婦、魏濤、蕭叔恆、李芳華飯，余為作陪，以雙餡酥合及一品鍋為佳。楊妻嘉定樂氏，攜十一月之子頗活潑，張妻□雙懷。客散後余睡，睡起吟詩。夜飯後余往孫秀武寓，分伊朱鍾祺贈扁尖、錢錫元贈肉鬆杏仁餅，及沈階升贈糉。余往松江路尋文守仁，入朱園茶，茶畢返寓，始用徐昌年所贈筆簾襯寫日記，汗漬不至落於紙上。

蕉串既斫之翌晨，白頭一雙來尋不得，為吟二十八韻

寧園數重樹，扶疏結綠陰，果木植殊少，常寶翠條森，樹外蕉幾本，一株懸碧簪，初花發朱紫，壘壘如懷妊，開苞三垂盤，結聚擬璆琳，僮僕早相告，主客每生心，不知天所產，原亦為蟲禽，晴蒸雨沃育，數指燦黃金，老陳斫而藏，勤慎良堪欽，云物不寶愛，終被鄰兒侵，豈知詰朝事，感嘆令人深，白頭兩雄雌，破曉忽來尋，一飛度籬落，一飛穿空林，睥睨相位置，互證無商參，再度作迴翔，指認獲南鍼，端詳焦無誤，佳果影銷沉，三繞在林間，啁啾吐哀音，分明啄於此，是昨而非今，

無可與抗力，戀戀恐遭擒，相將去遐遠，咄咄悲不禁，
余聞江南北，人災逾天臨，奪糧資鄰飽，萬姓為之瘏，
哀哉白頭翁，兩意和瑟琴，此處不得食，他往急駸駸，
何因隔天海，反攻力不任，居者將死饑，行者抱孤衾，
與較還不如，老淚沾衣襟，沾襟太蕭瑟，夜起朗長吟。

6月7日　晴

晨試沈階升所贈粽，體格嫌小。九時顏叔養引杜逢一先生來，係姚鵷雛友人，贈自製粽十隻，粽軟油多，體大餡滿，粽中妙品也。余出詩請閱，談鵷雛一回而送出。飯後朱慕貞及其夫、沈善琪、祝毓均來坐，余臨窗閱詩為樂。六時至黃國書家，伊宴立法院之留法同學兩桌，陳子仁亦來，張道藩、吳祥麟早走，同座以為陡，同學共宴有不到，到宜從一而終。食菜以龍蝦腳、凍桃為佳，座臨中山橋，沿街廣樓，頗風涼。九時許散，余同徐漢豪步歸，因知夏濤聲有小組織而專橫，與王師曾、林可璣、朱世龍、李公俠、朱文伯等有聯，蔑視國家主義派之歷史，而常以青年黨僅是我輩數人自居，對於錢財亦有不謹處。於是於曾慕韓追悼之翌日，陳啟天等召開臨時全國代表大會，因主席身故，中常會不足法定人數，無人領導，乃以民主制度改革本黨，使黨受制度領導，不受人事影響，今後設主席團以決策，設評議會以審議建議，執委會以執行黨務。推在台之陳啟天、余家菊、胡國偉、于復先、胡阜賢、侯俊、劉鵬九、李萬居八人及海外之李璜、左舜生、何魯之、張子柱、鄭振文五人，共十三人為主席團，胡國偉兼任中執會祕書

長，以新生南路三段十九巷六巷為辦公地址。乃七日晨中央日報登載中國青年黨中執會啟事，云改組新聞全非事實，本黨中央仍在和平東路大華新村四號辦公室，顯然兩歧。總統、陳院長、張其昀均勸團結，並派蔣勻田、雷震奔走斡旋，余亦勸相忍為國，政黨無絕對是非，且不得不有權詐之人，惟須善人執其柄而已。漢豪調停甚苦，其妻周蜀雲感觸愈深，漢豪並云民主社會黨亦有糾紛，現日紙糊尚還看得如此，則中國民主前途有些可悲，蓋政黨先弄不好也。漢豪三輪車送余寧寓乃別。夜睡悶熱，起坐點燭驅鼠。

6月8日　雨

晨食杜家粿，吳保容適在，請伊吃亦稱美，阿雲亦吃一隻。九時赴立法院黨部，余所持修蘇字二號黨證不必更換，至交際科索普通入臺證，謂宜向旅行社購。至張懷九先生家，商以五月所得息給湖南匡文炳，余往牯嶺街六十三號親送。匡君到廣播電台為人代工，其妻云子女七人，一人在大陸，今所住房為朋友相讓，誠如朱耀祖所云苦中最苦者。余與懷九先生云政黨為政府之後臺，前臺有憲法，後臺宜有黨規。總理鑒於選舉之可危，思以考試權匡救之，余意宜以薦舉制救黨規之窮，先生首肯。下午臥床，閱報未成寐，整理書桌後徐向行來約端午飯，余謝之。四時朱佩蘭來，贈伊肉鬆、餅干及成鍈寄來之梳，梳係櫛長髮用者。朱去，周亞陶駕車來，入立法院，每一委員得借支三百元，又得以三十四元購雙喜一條。出尋王亮疇先生，已自浦公館遷連雲街一號謝瀛洲宅，余往尋，知王先生出行未久。余至趙耀東宅，知伊長子腸炎驚風兩次，郎醒石嫂方陪住醫。余晤趙耀中，贈伊扁尖及香肚。出，至王子弦家贈扁尖，伊姪自蘇澳來，手提一活龍蝦，重三斤，云祇出二十元，余命放於簷溝中，諸足齊動，極好玩。王姪云龍蝦長於海水中，於是改在腳盆貯水和以鹽，不知能否養活到明午否也。子弦約明午飯，余辭云已允沈善琪。辭出，子弦託為向莫局長說賢斌升職事。余再往亮疇先生門，知往謝冠生家。余至向秀寓，培、岳、衡、福均在，先食糉後留飯，有鴨極肥，糉有菉豆、赤豆而餡多種，油量不彀，米頗軟。秀渴湯特多，體漸肥，衡亦腿增肥，已非狼腿原樣。八時坐車飯，培在前雇車，余在後得車，雨聲振耳，佳節為天減興，論時局，天實不能湊興，天聽自卑，真處置得宜哉。

中改六日通告，自十一日起黨部紀念周改為八點半，聯合紀念周仍為九點。

6月9日　雨　端午

昨夜地震，床搖歷四分鐘，頗可怕，秦啟文在樓下云不之知。晨秦啟文請吃莫葵卿夫人所包粽，豆沙者嫌乾，肉者合度。余至黨部還卷三宗，出至李君佩先生，尚未起。在居先生家約十七日會於臺中沙院長處，居小姐贈余線縷三角糉，灑以香水，懸於衣襟。李先生起身後，余告以往南台游玩，二十五日之後方回。九時隨居、李至善導寺賀何雪竹七十生日，集壽禮救濟災胞。陳含光為洪蘭友擬聯「陶長沙為八州督，齊孟嘗以五日生」，頗工當。又有為萬耀煌捉刀者，寫字頗佳，又有□□□一首亦佳，于先生所書聯不大高明。居先生為何雪竹慶幸，謂民國十八、九年酒色鴉片幾喪其生，迨任軍法總監平反不少，屢執理與今總統爭，總統知其為公，聽從減死，陰功以之積起，其得七十而健康，甚為不易。余觀察來賓之顏色，雪竹於湖北同鄉中比覺老為得眾，設覺老得眾如此，廣州可通過其為行政院長。出，至建國北路，李先生女之友某夫人會做鳳梨派，哀李先生以此贈馬星樵親家、居夫人及陳果夫，並以未裝盒之一塊贈余，余知此為留伊自食之包，辭不肯受。在陳家，果夫床枕背之處有鐵條可撐起，果夫並談以棉花紮風濕處，並以阿斯匹靈聯續驅之可免打針，及以黃牛糞為退熱主藥各節。出，至鈕長耀處交陳焯所寄來金壇港九難胞調查表，鈕夫婦均不在。出，到于先生處拜節，乘羅家倫車至中本取利，趙耀東云兩兒均病，其姪又病，擬辭台北紗廠經理，又云前日贈衣料不甚佳，為無五年以上熟練工人之故。出，趙以汽車送余中央黨部，余將款交劉和生。搭車至沈善琪處飯，莫奉蓁及夫在，王媽亦在，壯聲夫人愁無事，其女惠惠愛一白貓，坐臥與狎。飯時以鹹蛋蝦蛋藏及燉雞為佳，飯後並食西瓜。余歸寧寓臥，三時搭李炳瑗車至中山堂光復，臺詩人均坐板凳，密排如戲園看座，老至八十餘歲攜鋪蓋包裹如和尚聽講四方，坐滿時出題，為角黍七絕一首，寫三分，各詩人皆繙詩韻寫作，其認真狀況內地所無也。余遇陳含光、張百成、鍾伯毅、陳定山、成惕軒、張默君、盧孰競等，又遇台灣詩人無數，有史姓者二人，其在餐廳早點，晤經理呂俠、旅客主任熊傑及陳伯莊長子宗靖。餐畢同至侯俊人樓上，又登撻撻米擱樓，侯君病黃疸，余教以治法，並晤徐步青。出，至戴恩沼家，其妻方出購采，伊子人曦已會說，一歲並會行走。余至陸長鑑家，新增一女五月多，胖極，貌似長鑑，余約十三晚往夜膳。出，見錢錫元、道志兄弟，得閱臺南高等法院發回更審判詞。回戴家飯，飯後臥，臥至三時走車站，坐汽車至鳳山中學晤譚龍沾及伍士焜夫人，食糉及雞蛋。校中新添房舍及圖書儀器，改高中，經廳中人來觀，尚缺三間，地方自籌經費三十萬，距離尚遠。將出校門遇伍勁甫，約明日午飯。余至鳳山縣改造委員會，有台灣黨務講習之陳志堅君陪余譚話多時，待劉象山、吳熙祖歸，相晤甚歡。朱品三陪劉塵蘇視察黨務，余告侯雋人老病狀，可否再給以三百元，劉先生批准，余託黃站長送去。同黃站長坐車越愛河上壽山，至登山街王局長家謁晤，王君在重慶時為驛運處長。再謁五十一號副局長段其燧，字亞農，蠡縣段子均先生之姪，董再平之表弟。妻無錫王氏與項蓉係乾姊妹，蓉晨同段君至站，又上侯雋人樓尋余不得，此時正在改英文卷。王氏之弟嘉寶新經營橘子水，已推開銷路，余試之，微嫌甜。同下山至招待所，王局長請客，所臨海，窗對旗山，眼界光闊，漁船往來皆經此處，開席時時聞爆竹聲，漁船出港所發。同座萬琮（主任祕書）、閻振興（總工程師）、周希賢（棧埠處長）、袁晉（上海港務長）、白雨生、馮庸、段其燧、項蓉，飲乾琴一瓶，飯時上山雨，二樓為總統行臺，三樓有廣室，極好。九時數幀，幾而閻振興及婦戴銘辰、樊琪（字夢環）及婦葉于瑗、咪咪、小寶、王耀仙（聯檢處處長）均來，余譚處世常說數則，乃在中堂共飯高粱酒，食館菜一桌乃回。葛建時、姚兆如及夏頓萊先生媳來訪，薛純德亦來訪，譚至十時乃別，頗相戀戀。

6月13日　晴，微有飄雨

晨王振民、盛松如來譚話，伊等中午歸，余託帶木瓜、鳳梨各二、杧果二十，給錢、王太太及寧園奕者與非奕者，又木瓜、鳳梨各一及杧果十給鄭明與孫秀武。黃壽峻請在潮南飲食店餛飩麵，味比三六九者為佳。余與夏玄（冰若）乘赴林邊車，經鳳山、九曲堂（自此乘台糖公司單節小火車，約半小時可至大樹，為山峰層疊的鄉鎮，一名鳳梨山）、六塊厝，冰若厝係福建人住宅，非殯舍也。過此有廢車甚多，再過鐵路大橋跨小淡水溪，溪面頗廣，望公路橋下水亦大，西瓜田已無影蹤。過屏東後有站名麟洛、西勢、竹田、潮州、社邊、溪洲以至於林邊，中央溢潦溪頗可畏。在田間見有水管，以竹管插田角四、五丈，泉汩汩流六、七年，係大武山泉脈所灌。大武山頂多螞黃，罕有登其巔者，夏君云大武山常為雲霧所遮，今日則甚清晰。抵林邊後有車在另一月台轉載客往東港，秦錫疇、朱□□駕旅行車來迎余等。先游東港，見日本人所闢水上飛機基地，平底水蕩有數處有圍牆，疑是辦公處兼修理廠，有鐵道通入牆內，聞襲珍珠港之機自此出發，今為空軍接收，已略加整治，夏君於三十六年過此，草長水蕩也。過橋轉灣則為漁港，有汽船可往小琉球島，港口地勢低，望之不見，余等過一涼棚方論秤分紅魚，又在鬧市購蟹六隻，方回枋寮。秦夫人得信謂客不來了，正在食飯，譚君□□正患傷風，來陪余甚久。余等食飯，有炙雞白肚湯甚美，飯後復食杧果。二時乘旅行車回林邊搭車，適逢二等車改三等者，坐位舒適。時天悶熱，鄰座為無錫青年薛君，占位置頗多，過小站時停車更悶，過屏東停車更久，幸天已風涼，過九曲堂望見第三組劉文島等在赴屏東車中。四時四十五分返高雄，休於貴賓室，分蟹各二與黃、夏，余提二隻坐段其燧車至陸長鑑家，兩子皆見蟹大喜，蒸熟後同趙繼文及弟食之。長鑑不之食，伊檢定考試及格，豫備九月中旬參加普通考試，伊今年未吐血，惟伊長子還瘰癧，近因傷風咳嗽，余囑其慎之。繼文特為余製麵筋，未能成功，其餘煮肉及豆腐皆不佳，想見長鑑平時無飲食之奉。飯後走返大港浦視戴恩沼妻子，又登樓望侯雋人，眼黃已退，大便已通，已起床，表示十分感激。余同伊子德基赴六合路 30 號樓上答拜徐步青。步回宿舍，項蓉在室，夏君夫婦來送椰子及茶葉蛋。蓉商結婚及教書等事，伊父所給八千元港紙現已用完，心頭煩悶，余慰之，既而為汽車催去。蓉走後陸味初、唐競文、鄭海柱（工務副）、王明海（運務）、趙仲珊（調度室）、賴松秀（運轉科長）皆來宿，唐君健談，談下女接線生趣事。

6 月 14 日　雨

得朱福元六月五日書，伊赴日本六月八日機，過台北約往晤。

晨整理行裝，陸、唐等赴林邊，余坐車到站，同熊傑至潮南飲食店餛飩麵，麵畢大雨傾盆，雨點自膠鞋面入，浸襪盡濕，長衫邊褲管盡濕，余殊快意。八點五十分車開，熊、呂、黃及農民銀行同事□□君均送至車，虵動後始跳下車，可謂情厚。在頭等車瞭望座遇劉昭義，係臺中鋼梁廠，談美援鋼梁已裝好八十餘孔，並無傷人之事，美鋼梁比吾國舊有者高尺許，故需削橋磴以就之，其在幹線須於指定時間完工，故亦不易告成，但因員工熟練並未誤事。十二時半抵嘉義，交行李於陶站長，戴恩沼請余在噴水池側四川小館樓上飯，肚片尚佳。飯後至興中街慈龍寺對面王為鐸家，子壯嫂及女為昭、老姨娘趙春山均在，恩沼為余運行李來。余訪殷君采，其妻睢縣馬氏造就其弟妹，頗賢淑。同君采尋王子蘭在斗室中，前有小花圃，坐譚移時，知李明揚、段木真夫婦均被殺。六時為鐸回，共飯，有白肉片瓜湯頗美，飯後為鐸同余入空軍理髮店理髮。汽車站問赴關子嶺車，知每晨八時三十分開車，票價四元二角。赴車站尋陶站長未得，同乘三輪車歸浴。為昭課為明英文，為昭已得愛人（常州劉雍仁），為鐸會駕運輸機，譚練習大編隊視察地形命令傘兵降落，又譚大機裝油二千四百加崙，故須用油管隨地拔塞裝油，從前新津機場有此裝置，勝利後破壞，有美機一架不知此情降落裝油，命工人用五加崙廳子裝油裝了兩天，因悟戴恩沼工程須徵嘉義一甲地造機場、設油管等工作，乃由於美軍認嘉義之空軍種種設備為具體而微，可以造就。為鐸又言美空軍新來者多十四隊，即前飛虎隊，舊人用筷子吃飯說話及對中國熱情皆有可珍，人家用人如是，其準確珍貴與吾國之憑資格論關係者不同。嘉義市房原為兩層，前次大戰時美軍因此為日本自殺飛機之基地，轟炸特重，余昨在東港見當日轟炸之斷垣尚殘痕可見，其原因悉同。王為明明年畢業初三，距大學完成約八年，為瑩、為瑾尚有三年可畢業大學。余語壯嫂最困難為三年，次為三年後之四年，共有七年，已走上興發之路，不必愁悶。今晨在車上閱報後吟詩一首：

赴嘉義道中閱報，知入台證親屬範圍放寬，哭外姑顧母嚴太君

轉椅臨窗山水絢，可供怡養已無身，
當時難捧風中燭，新令許來配偶親。

6月15日　雨

擬獨往關子嶺，將發天又大雨，乃止。殷君采來，同往中山堂對面抗拒肺結核醫院，有 X 光顯微鏡，余於鏡中見紅色絞絲結核，又見透影照片，肺下部不清者分明有病，是院已檢查三萬人，均置卡片。主任欒筱文導余參觀一回。出，到公園旁嘉義商業職業學校參觀，校長鞏縣陳奇秀未晤，晤教務新蔡原榮軒、訓導豐縣李永康。是校抗戰後曾與嘉工合併，後因不便遷回原址，課程為普通高、初中加商業課，高二有財政學，高三有銀科及商店實習，女子另為一班，有縫紉及打字實習。陳校長頗苦幹，園舍整理皆井然。出，至公園森林中間步，兒童樂園噴水池為兒童溺狀，歸途遇林應瀾執業律師，入其事務所小坐。出，歸興中街又遇大雨，休息後至殷君采家飯，飯後臥，臥起至車站，與陶德麟商明日以仍搭中午車為便。遇貨運服務所職員來此發放美援肥料者，月最上者還一升半，普通者還一升米，多交與農民協會，亦有農民直接領去者，天雨，肥料運輸損失較多。余於站上電話秦啟文，知臺北天雨，水果零亂，未照信分配。歸晤劉雍仁，飯後余同壯嫂及老姨娘慶昇觀三劍客，步歸閒譚一回乃睡。半夜在枕上吟詩一首：

小詩一首留與王子壯嫂

四年離亂此寧居，子女崢嶸樂有餘，
我食小鮮歆老趙，當時黨部盛何如。

6月16日　雨

晨林應瀾來候，至車站對面玉峰冷飲店咖啡紅茶，又到山東館叫鍋貼，未就，在中原食品店吃三鮮麵與小籠包子，林君送余回王宅。十一時飯，飯後車站，殷君采及□□□來送，陶德麟送杧果。余上車後遇王振民及盛松如，如前次送鄭明之水果以地點不明未能送到，乃託松如帶台北再送。三時半抵台中，站長洪興正導至車站左側新房子後出差人員宿舍，落一房，略沐身，即至市政府側黨史會晤孫祕書、李處長等。同李尋法院街，遇居先生及許師慎於途，同回黨史會就草坪攝影，本日為總理廣州蒙難紀念第廿九周年紀念日，是時李君等運動得來本晚市長請賓館飯之請帖。余因尋王紀玉女尋至中央日報，得遇高建秋及余梓棠，因於四維路四號見沈階升，同高、沈至山東館食鍋貼。回沈寓閱暢流三卷九期，余所評泥娃娃無誤字，吳先生生平又經修改。候至八時半至市府，方散席，余謝市長招。同居先生至沈成章寓飲咖啡，沈今年七十壽，居先生命余作一詩。出，至池嘯北（瑞安，池漇）公館食慎齋堂（尼庵）送來之荔枝，似為黑葉之變種。十時回，知飯時陳祕書來尋。宿舍管理周君福亨，山東榮城人。於沈階升處知柴鑄新佔洪蘭友妾黃聯芳，蘭友病哮而柴實荒唐太不自愛，居先生語於闕漢騫。乳齒未脫，隔室童音。

6月17日　晨晴，午前後微雨

晨起身後坐車，至守法街廿九號池嘯北官舍為七時半，八時諸人齊起，九時方食，中碟中各西點，雞蛋無鹽，池君談工礦公司罰款徹底執行經過。點罷，乘汽車南行至彰化，臺彰近市處皆柏油路，中間有泥石一段路面未修。鳳凰木夾道，左為大肚山，右為八卦，穿彰市上山，有溫泉茶飯社，入門每人兩元，寄鞋於下女，得木排一小塊。浴池為圓形，隔一牆別男女，男座浴者紛紛，余以無房間未浴，居、池、許師慎、劉鎮南皆浴，茶座臨窗，眺望及遠。十二時穿市區一周乃返，在孔德成家便飯。飯後同往國際戲院近處吳姓祠，係教育處藏卷處，北大同學鄒湘喬云有民初北大學籍，余名在焉。余等休於鳳凰木下，圓整如蓋，清蔭挺空，瀹茗清談，頗覺暢適。有故宮博物院職員劉莪士亦來譚，劉君能畫，箑頭摩攀猿一角頗工。余忽微倦，午睡鄒君床一回，醒而孔、劉皆走。余返黨史會，同許師慎叩姚夫人門投刺，未獲見，云至吳禮卿家。至池宅小坐，即至公園茶，遇宋□□，伊在東勢鎮電力公司天冷工程處工作，茶座有油豆瓣。出，至沈階昇家，引至鮑文楠家小坐，見其妻及二女。高建秋君為雇車，至孔家食蒸餃及鄒君攜來之即墨老酒，係山東同鄉仿造者，余戲呼為紅糖麥芽湯。志希寫贈齊如山詩云「靚妝捧硯催新曲，野老調音唱好聲，筆削之間皆創造，管弦而外是真知；高歌常念兩京收，民族詞人氣尚遒，最是臨川難及處，不曾拗折女兒喉。」又講陳寅恪通十八種語文，為漢、滿、蒙、藏、英、法、德、俄、意、臘丁、希臘、中波斯、阿拉伯、梵、伯利、西夏、突厥、□□。余閱羅振玉編王國維集，羅序云王愛韓圖、叔本華、尼采，韓圖係指馮德譯名，不注原文，揣了半天志希猜到。九時後志希送我歸寓。

6 月 18 日　雨

晨整理什物，赴沁園春食什散麵，店為無錫人所開，吳稚暉為書額。毛澤東填沁園春，而吳先生就原韻作一首痛罵之，事在三十年。入黨史會，紀念周提前於八時舉行，居、羅已下鄉，李君為雇一破汽車，科長羅本初送余出。南門橋至霧社近處有一泥道直通北溝村，稻塍泥濘，人有戒心，上泥道後又退回柏油路前進。霧峰轉入鎮後，車夫遇路爛又不肯前，余與羅君步行，經北溝村又轉村後，則為故宮、中央兩博物館及中央圖書館庫房，三庫一正兩側，去年所建。余為黨史會覓疏散地點，去年過霧峰見電流架西，新有須營造即此，地本林獻堂別業，有房一曲尺，今為辦公處所。余入，先晤教育部職員廬江談□坤，導往庫房已近十一時，居先生方自西庫出，伊中午返臺北。羅志希、莊慕陵、高去尋、勞幹、李濟正在抽查故物（抽查文物保存情形如何，有無受潮、受蛀、損壞情形，並核對與清冊是否相符，每一箱件以一次抽查為原則），時因天潮，正查磁器，唐三彩、宋渚窯，清以雍正窯為最精，琺瑯彩者摹之高出一些，諸人鑒於宋磁乳白淡青，云是疆土促無外國彩色原料進口之故。十二時飯，飯甫罷，董作賓自游日月潭歸。下月點清瓷，曾赴倫敦博覽會者，黑箱內貯木花瓷，皆用棉層包紮，間有入錦匣者。夜飯後羅、董返臺中，余與李濟之、黃君璧談天，觀吉峰月上，洗浴睡董君床。

6月19日　晴

李濟、高去尋一組，點中央博物館者，裝箱用稻草開包重紮，手腳粗率，不及故宮之細緻當心（職員為熊國藻、楊師庚、汪繼武、那志良）。今晨點南京偽政府汪兆銘敬獻日本皇太后皇后皇帝陛下賜存之玉瓶及翡翠屏風，翡翠以第三塊玻璃翠尺寸最大，兩面雕刻，楠木匡雕刻亦細，兩座每座四扇，確是寶物，不知何自得來。書畫有夏珪長江萬里及無名氏仙山樓閣，皆上品。紀昀書四庫全數目錄，清高宗書文淵閣、文津等四閣記，寫後又繡，皆足為歷史佐證。故宮方面竟日點書畫，莊慕陵云精者至二千餘件，愛不忍釋。余於書畫攤平一望，望見後略坐休，志希中午離去。下午所觀手卷為多，虞集、鮮于樞、東里夔、張雨皆工書，何元人之多能也。五時退庫，在莊慕陵家飲青酒，婦申書三為其治癒長子，極親切。飯後譚君旦冏（聯管處中博組主任）導黃、高及余至霧峰，先過林宅，再游林氏墓園，依山因水，墓頗莊嚴，惟房子蓋得平常，略有俗氣。余等休於橋外長方亭，覓門步歸，明月上升照路，但苦無風，高君同余談北大種種。歸舍，吉峰月還未透，浴後與黃君璧同房，上床熱甚，聽共產黨蘇南廣播甚晰。

6月20日　晴

余昨晚本擬離北港，諸人云明日還觀書畫，李敬齋亦留余。今晨同敬齋談：（一）一切宜以國民為本位，向全民著眼，不可漫信，農工政策為粉紅色專制分子所把持；（二）此時再不可打硬仗，宜以大陸力量救大陸，不可輕於一擲；（三）宜廣備海軍，南進英印尼，及澳洲西北雨量少，鐵路未暢通，不可移民。故宮今日抽點書畫，上午小件下午大件，宋元絹本多摺落未打鋸子者，開一回壞一回，昨日見一件有湯傑裱工名，即湯裱褙也，今裱工無甚可者。下午見普明禪寺募疏，趙宧光篆書署首。飯後查國書，見俄國璽、安南國王進沉、速香各一千兩表、袁世凱謝清室函。夜飯譚君加菜，飯堂極熱。余搭敬齋車返台中，在鐵路員工宿舍抹身，至沈階升、高建秋、余梓唐、彭醇士家，彭家遇甘家馨妻，老革命臧元駿、詹純鑑及白雲梯夫婦，男女分座麻將兩桌，小樓款余張蒓鷗所贈龍井。在北溝時，管理員談君曾談及廬江柯家坦明泉芽茶。

6月21日 晴

晨至池嘯北家取衣，一溫州女傭待人甚周。出，至黨史會候徐忍茹，余擬前往而李君遣人往，候久之始得晤。余出訪劉贊周，晤其夫人丁八小姐，生男女六人，無傭人，頗責斐玉之不持家而晝三縱之，正論也。出，尋李亮恭、吳忠信、王秉鈞，均在台北。於福音街晤李慶麐，約後日午飯。遇詹純鑑，約明日游農學院，詹君聞余曾向陳雪屏云林一民不德，不能為繼任校長，樂之。午飯黨史會高級同事在沁園春公宴，鄰室宴焦鴻英，余與之晤，壁上懸吳稚暉師書八分一聯，極別緻。飯後入鄒湘喬祠寓，聞今日莊慕陵購佳酒款余，余不能往，謝以一書。臥後閱碑帖，有雍睦堂一冊甚佳。余自泡自然香茶，解上衣乘涼。至四時黨史會以車來迎，寫件極多。至六時車入余梓唐家飯，其妻沈琢初養女，琢初妻與女及婿有違言，將合租之門面釘封，余所營小店受影響，遂逼至出售，另覓屋。合則兩利，離則兩傷。余先同小樓訪甘有蘭妻，有二女六男。後與梓棠尋李永新，未得，於同路104見范望夫婦，一室悶不通風，榻榻米爛，紙槅均破，養雞於入口，幼博赤身，痞子滿乳下腋外，兩年無事。云在俄看透共黨殘忍，兩日間在莫斯科殺幾十萬人，俄人不願開槍，用中國人來開槍。范君頻云見余心快，聞晝三狀，並勸余大陸一切及今後台灣皆不可知，任其自然，勿過憂悶，真誠摯人哉。自幼博處返寓，浴身即睡。

6月22日　晴

晨於宿舍外坡場候車，成和安懷音山字韻詩一首：

臺中和安懷音

倏興化亂卅年間，汗棟難編總汗顏，
自有絕峰斷澗在，居中四望但平山。

車既來，至沈階升寓取衣，安懷音處寫詩，余夏衣破，請安嫂為補綴。車赴國光路農學院，先於出納室晤大悲之姪劉鴻賓，飲農院咖啡一盃，既而留法前輩徐廷瑚（海帆）先生來陪謁院長林一民，談美援圖書儀器可得美金兩萬元之譜，而苦於運費一成無力支出。徐先生導觀大禮堂試場，詹純鑑、汪呈因正在監考，聞考試極嚴，從前亦有輪班上課之壞習慣。出，參觀圖書室與講堂，佔平地頗廣，以農業、經濟、病蟲害、化學分組試驗室最合理，試驗室鄰室即為主任教授某先生之辦公室，有關本門之圖書、儀器集中於是室，以便教師自修、學生請益。病蟲害掛圖皆德文。余介紹范望與徐先生，徐先生述二次大戰起，法國學生不願讀德文，有德文之課中止，但法國大將所用之望遠鏡亦德國貨，無法不用也。余等參觀醬油廠，之後則為研究室之最後一排，遇林森吳長濤、莆田林金藻，吳圓臉而林面長，略坐飲茶。吳君正治花圃，圃外遠山崤崒，教師生活僅是錢少，論環境則極可寶愛。參觀畢，休於會客室，徐先生譚民國元年往法國，公使為胡惟德，三年學化學卒業，大戰時在巴黎某廠為化學師，某日德砲彈中某廠屋頂，徐先生在地下室。未幾停戰，應蔡先生招為北京大學教授，時籌備農業經濟系未成，乃先為法文教員，支北大薪而為李石曾辦事，名曰華法教育會總幹事，住破敗之石達子廟中，無一錢而廟前懸木牌九，李先生自刻木印九，印信封信紙九種，計其名目為華法教育會、儉學會、勤工儉學會、六不會、進德會、孔德學會、中法大學籌備處、溫泉療養院籌備處、法文專修館等，工作異常辛苦。專修館顧孟餘先生為館長，不常到館，徐先生為主任教員。在北平曾為中法大學招考，取中夏亢農、汪德耀、李亮恭等，皆北師附中學生。在上海曾為吳稚暉先生已弄僵之法國 MM 船公司百餘學生辦經濟三等船票，MM 屬於安南總督，徐先生與之交涉，卒得包島斯軍人病艙，即余於民十乘之赴法之船也。余等復飲牛乳一盃，劉鴻賓贈咖啡一包，乃回台中，越綠川，在大上海舊貨店購得小桃紅石章一方，文曰「先賢廉子弟廿九世孫」，云是廉南湖家所出售。另至一家有林佶款一方，議而未成，上裂痕下有僵痕，不足珍也。到鮑文楠家飯，飯後至鄒樹椿處臥坐飲茶，伊用樟腦磨墨，不朽而光。五時至黨史會寫件，六時半至沈階升家飯，有蝦仁豆腐花及蓑衣肉圓。飯後同高、鮑、沈同入公園飲茶，坐樹下納涼，知楊子鏡又被捕，子鏡竟亦吸雅片，兩次被捕，惜哉、惜哉。歸途遇劉贊周夫婦，贊周到余寓譚行醫，擬立總理紀念醫院，整頓醫師公會，調和中西醫諸端。

6月23日　晴

晨整理行裝，所攜物殊少而整需時，夾襖、夾衫均發霉。同周君出，購水果兩簍，即至孔宅還件。至改造委員會，黃通等正在會報，頗有事務多端分撥不開之象，余略申慰勞之意。又討論楊基先市長入黨案，余主先調查後，由台中改造委員會同意，再向中央解釋、地方說服。會散，余至李適生家飯，有雞、鴨、獅子頭及黑黃鹹蛋，劉志平夫婦及詹純鑑作陪。詹君送余歸寓，知京山孫鐵人、李治中、羅本初來送，余略睡沫身，李、羅又來。三時往辭站長洪興正，上三時二十分所開車，遇嘉義檢車段段長徐成義，過苗栗方治、徐熙上車，過新竹戴問梅上車，車行山線，經山洞頗長，頗受煙悶，比下坡經洞則無此厄，過新竹後沿海傍蕩，如行蘇、錫間。余等入餐車，遇江陰張由紀（之綱），為新竹稅捐稽徵處長，黃岡陂易國翹（亞夫）為外科軍醫，正飲啤酒。食飯畢似近桃園，九時至台北站，秦啟文、錢中岳、陸維榮、盛鑌、王振民均來接。寓中正講解圍棋，分水果供客，還箱與孫再壬，亦送水果。余又送水菓與鄭明，知上次所送杧果頗佳，惜爛去大半。

6月24日　晴

晨回錦姪處觀新寶寶，到秀武處贈果。到女子中學參加台北市江蘇同鄉會，前日登記者祇一百餘人，今為一千餘人。余見朱文伯、王懋功、祝再揚等，見來者甚多，係謀選舉者發動到會，余知會可開成，而成績大高不妙。乃至雷孝實家，向雷夫人及其姊致項蓉之意，望之主向臺北考驛員。出，至俞五家，余衣尚未縫就，俞五痔開刀，五塊去其三，尚臥在陸軍醫院中。出，至味經家飯，食冬菇豆腐，飯後澈、明及其叔至寧園樓上食杧果及鳳梨，余臥。三時至台糖參加崑曲同期，劉象三陪孔達生來小坐，既而出接孔夫人，似有心事待解者。崑曲以喬醋、佳期、訪普、山亭為佳，賈煜如來，正唱佳期，嗣後聽雪夜明、良相得，山亭情率景真，稱美不置而去。余入中華書局酒飯，晤四月十日離書三寓之孫伯顏夫人，但云全家安好，勿通信，且囑孟益勿再寄信，問別事皆不知，余不禁淚下，錫弟似位居副局長云。歸後將臥，向、秀、衡、福來食鳳梨。

6月25日　晴，下午有風

晨往大陸救災總會繳閔湘帆寄來之南匯名表。至中央黨部，同紀律委員會同志譚話，紀念周張道藩報告廣播事業之開始及台灣近況，余乘袁企止車上圓山，遇崑山縣長沈霞飛正受訓。余與倪文亞談楊基先入黨事，張其昀談國史館事，陳雪屏譚寄宿生事，教育廳有計畫交換近地學生，建造少數宿舍，余再貢宜採大學私寓之制。紀念周總裁云方自山上住三星期新下，問人知為大溪以上之角板山，屬桃園（角板山為台灣十二景之一，自中壢、桃園均可往，自桃園往，經大溪三十公里到山，日人設蕃社教育所，大正十二年秩父宮到山，有行宮。山為河成岩、河成段丘，地質學上良例。山附近產茶。角板山上游六十公里有兩河會合處，日人設蕃地駐在所，有控溪溫泉）。先講陸軍演習第五廳不負責，次講逃兵統計，其原因為意見不合與體罰、病苦等十項，總裁盛斥體罰，云不能再有。次講軍隊中有關共產煽動等為270案，次講軍紀及交輜教育。最後令二人讀組織的原理和功效，係根據陳果夫生理組織的原理之機關組織論駁斥病理立論，云自己多講話之後常喉痛，乃與醫生作研究而作此。十二時散，企止送余回寓，余在寓飯，飯後臥。臥起張伯雍來電話，擬請陶百川廿九在蘇松太月會講話。劉象山來報告將接收鳳山動員日報事。四時楊明暉來屬寫字，五時徐穗蘭來，余等坐草坪樹陰飲茶，食草炒麵。六時半又至大陸救災總會送華壽嵩寶應名冊。送楊校長入善導寺聽經，余越鐵路至三條通，先探吳保容夫婦，次觀袁永錫幼子。尹仲容請立法委員，於三條通底忠園徐中齊、梅恕曾之住宅煮菜供客，有鍋鍋筵之外號，菜味可而量少，將來失敗錢為廚子賺去，燒牛筋及豆腐、蕓豆湯為佳。香港被刺之王新命健談，談被刺夜家請三客，本人因事遲回，其妻在三樓望見，責其歸晏，王入門躍上樓梯，第一刺客猝不意王舉步之速，手槍擱於左臂上，外罩以雨衣不及出槍，而二層之上又有刺客二人，一持刀一持槍，持槍者下梯發槍，一中右臂，王退上樓梯一步，再中胸前，王再退一步，飛起一腳踢中刺客心窩，第二刺客滾下兼阻止了第一刺客，而持刀者自背後戳一刀，刀插背上，王疾入三樓寓所，家中三客為警局作證，至十時不得食。傷處以肺下小血管為最多，胸間積血兩星期間分次抽出一千二百CC，後得雲南白藥私服之而愈。王君遇險此為第三次，前一次為日人進香港後自小船逃出，再前一李主任委員核閱後，始列入議程。同仁泡茶移麵包供余，劉和生傷右眼，查係為陳宗鎣覓車而遭胡某車夫毆打，恐將重傷，余憫之。歸途至立法院取錢未得，歸寧園飯，飯菜漸近家常，惟油重耳。下午鄭家藩、上午章鶴年來譚，兩人皆移居得較好房子。溧陽狄璉為空軍高炮司令部政治部指導員，來譚訓練待遇種種，云家屬津貼士兵有不平者，謂忠勇艱苦之單身乃不如別人之孩提。下午略閱馬成坤卷，天熱，余痱子滿身覺刺起，不甚舒適。六時至鄭味經處飯，白切肉、豆腐衣包及涼拌干絲。夜飯歸後，吳瑞生來述訂婚之女家母女均看不起瑞生，擬解約。八時入禮堂觀八仙過海，頗為好笑，鄭明亦陪其母來觀，余於三幕中之第一幕完時以太熱即歸。浴後休於前庭，後庭常有圍棋三局。

6月27日　晴

晨李家瑗來，為持歸夏布，擬託鄉下徐成衣為余製夏短衫，伊謀中央印製廠事，未有回音，今日余為函王文蔚催辦。朱鍾祺為豐谷昨因陳夢漁被捕，云游泳池之文卷在豐谷處，實則陳自保管。陳悉將股本及學生繳費皆揮罄盡了，而組織此公司假豐穀公正以服人，今在危時仍供出豐穀，可稱不情不德之至。秦啟文語我黃壽嵩在上海亦以反革命被捕，七月一日將有好戲看也。余等為豐谷父母誦經，定七月七日在十普寺。午時飲劉鼎新局長藏人家到寧園請客殘酒，有五加皮味。路平甫今日自香港來，攜來龍東白蘭地一瓶。午睡後陳宗周來贈夏威夷衫及土產中光棉織廠毛巾，伊在九龍開一雜貨鋪圖餬口，星期日可得二十餘元，同志往啖飯借錢者二十元不敷開支。二時半車來，黎子通來云得子留信，伊妻弟張紹曾被捕。余入中央黨部，先同同志談話，知合作社准領薪水者購布，總人數為 436，各組聘訂在事業費下開支之人員不在其內。余語谷鳳翔，鳳翔不知如許人何自來也。三時紀律委員會，松年先解除通緝得通過，又有合江省佳木斯市國大代王靜芝，實係本黨黨員而由民社黨提名得為國大代，雖係跨黨而心向本黨，第一組請議處，亦交余審查。乘林佛性車返寓，徐向行來候適去，求為師範學校職員。五時出至錦姪處，明外孫臥沙發上，雙足下垂。飯時扁尖腰片甚鮮，飯後食鳳梨。余至中華書局，睹伯顏夫人四十一年除日決產子，台灣氣候五十歲會受孕產老來子，有人謂之獻醜，可發一笑也。余搭何子星車至四條通陸京士家，京士於余南游期間尋余兩次，今晚適不在家。京士夫人血不足而肥胖，踞藤椅抹骨牌，有酒色財氣、福祿壽財喜皆記分，今晚財特多，約明晚夜飯。京士長子在中本工作，適回家，余亦見之。張啟龍、沈正祥等沙溪一百餘人均遭殺害。余走南京東路轉建國北路入錢探斗家，探斗不在，探斗夫人打撲克五關，余進門後連通兩次，約外出冷飲，余食罐頭鳳梨一片不是味。錢家小犬咬壞綉鞋、皮鞋甚多，探斗夫人笞小犬臀，傷重至死，老狗亦送警所，警二人來捉未獲。桑圭為小犬咬傷掌側，紗布包紮且打狂犬血清，須兩星期。錢、王二夫人送余和平東路，議三輪車索四元，余乃搭七路車歸。沈善琪偕其大嫂雷燕珊候余久未得，適離去。

內政部調查局匪情周報廿二日載：

（甲）匪公開統制附庸黨派，謂在各該黨派之濫收政策下，若干地區已成為反共人士之逋逃藪，今春全國統一戰線會議曾加討論，現中南區決定三辦法：

（一）派匪參加各黨派百分之二，為核心領導勢力。

（二）介紹一批進步積極分子（公教文教人員）加入各附庸黨派，俾起帶頭作用。

（三）為附庸黨派訓練幹部。

（乙）籌備中央民族學院，招收廿五民族學生，劉格平主辦，院長王維舟，副院長夏康農，即夏亢農也。

6月28日　晴

晨閱馬存坤卷，偽造文件係其所優為。下午吳瑞生來譚。四時休於草坪，同焦立雲談話，焦今日為余洗薄被、厚被二條，余往南部旅行時為洗，現已無不潔之被。四時三十分走樓桐孫處，桐孫不在，與其夫人譚，知桐孫患胃痛，殆運動太少之故。余交嚴家淦覆函，汪漢滔謀事未成。六時半余走三條通，京士來寧寓候余，在通頭遇見，客堂中有黃楚九夫人，衣袨領衣，係一佛教徒，食菉豆湯、香港新來餅干，飲五分之一白蘭地，缾罄方休，菜有煎臭豆腐干、王瓜燒蝦、火腿冬瓜湯、茄子白切肉等，有杜月笙幼子臨顏真卿麻姑仙壇記，極有致。飯後至國際觀電影「劍底鴛盟」，有瀑布，在堡後為一間道，小孩越險而進，極好看。園有冷氣設備，座位又在樓上前排臨池，實無不舒之處，京士夫人聯云值得、值得。回寓休於草坪，溫水洗浴後方睡，今夜比前數日涼快。昨虞克裕、胡希汾尋余，未遇。

6月29日　上午晴，下午二時之後陣雨，夜晴朗

晨至安東街師範學校第一宿舍尋楊寶健，不在家，於其夫人得沈亦珍住址，往青田街一巷七號訪之，沈亦不在家，乃將請沈寫中學生升學指導意告其夫人轉達。余轉到鈕長耀處，長耀亦不在，將陳雪屏云江蘇強恕中學辦得不好：（一）濫收學生、（二）學生出太保，告訴俞成椿。出，至沈崇宛處，交伊陳辭修、袁企止來信，梅必敬此時不能釋出，為已判受訓之後再與其弟梅必廉通信商投匪計畫，崇宛曰此以三十八年信當三十九年用，實屬可氣，伊當再尋國防部政治部副主任胡偉克□□問究竟。出，至徐向行處，丹山不在，伊求為臺大或師院職員或中本職員。回來時得一偷過輪次之三輪車，永綏街不張手，與駕自由車者對罵，延平南路為汽車所撞，膠輪扭成異狀，余仍步行返寓，此種車不應乘也。返後臥，臥起走至新亞，張伯雍、楊竟生等已在。本日天雨，到者三十九人，羅新薇夫婦自碧潭來，約余往游。陶百川在月會講香港之自由、勤政愛民及照呼人民之衣食住行等等。五時夏光宇來食點，有馬拉糕、杏仁豆腐乃散。余歸寓略休，乃往居先生家飲白蘭地兩盃，有燒油片甚美。余與居先生譚國史館事，居先生謂葉楚傖前妻周氏將卒，已知葉先生與吳孟芙兩相傾心，

切囑楚傖續弦勿娶吳。訂婚，楚傖坐人力車歸，訂婚戒遺失，不知何往。孟芙初遇吉，益不善，後難產，於空中隱約見周夫人乃改善，而楚傖故後，周氏所生子女與吳東夫婦相亂，真怪事也。七時回雲和街飯，王豐穀已自宜蘭為葉溯中推銷教科書返，食素三絲、燒豆腐、燉臭豆腐干、蝦燒王瓜而回。夜涼蓋被，夢見二弟喪，輓聯懸子畏，長號而醒，不知是吉是凶。

檢書櫃殘紙，寫有斷句，因足成之：

酒薄一首

不耐酒精嫌酒薄，自為陶醉不成醺，
同舟幾已忘風雨，我縮煙篷望濕雲。

淡水河二首

外河帆影依山側，內港鷗群上綠堤，
水面輕塵人不覺，盡情疏淡大橋西。
水邊人去聊為靜，蓑舍長繩漁網懸，
而我頓盈沾臆淚，魚蝦興躍若神仙。

6月30日　晴，有陣雨連風，若小型颱過境然

晨因昨夜夢衷懷悶塞，無情緒作事。午飯前沈崇宛帶李孟暹妻傅勤家來，勤家為梅必敬之表妹，頗贊成余之議論，如多寄與人以同情，將生活水準降低等。伊住處極近。下午戴丹山、徐香英來，勸余為梅呼籲適可而止。凌念祖來，亦懂得按摩術，捏骨使酸，求為政治部幹部受訓，余為介紹倪文亞。五時陳景陶來，云南亭法

師在北碚有居士林，素菜甚佳，昨居先生亦云十普寺白聖亦愛吃，亦會治菜。余今晚同景陶吃老正興燉三絲，吃畢攜菜回秀武處，下女病瘧，伊苦操作。今日岳、培自新竹歸。七時至南京東路，閒行至錢家，斗不在，藕在王家打牌，觀賞一回乃返。今日洋人某在寧園做生，唱歌放爆竹，酒後二人扭戲，拉破襯衫二件，立雲得之，云補綴後尚穿得。

民國日記 104
狄膺日記（1951）上冊

The Diaries of Ti Ying（Diffoutine Yin）, 1951
- Section I

原　　著　狄　膺
主　　編　王文隆
總 編 輯　陳新林、呂芳上
執行編輯　李佳若
封面設計　溫心忻
排　　版　溫心忻
助理編輯　詹鈞誌

出　　版　開源書局出版有限公司
香港金鐘夏慤道 18 號海富中心
1 座 26 樓 06 室
TEL：+852-35860995

民國歷史文化學社有限公司
10646 台北市大安區羅斯福路三段
37 號 7 樓之 1
TEL：+886-2-2369-6912
FAX：+886-2-2369-6990

http://www.rchcs.com.tw

初版一刷　2023 年 11 月 30 日
定　　價　新台幣 420 元
港　幣 115 元
美　元　16 元
I S B N　978-626-7370-10-0
印　　刷　長達印刷有限公司
台北市西園路二段 50 巷 4 弄 21 號
TEL：+886-2-2304-0488

國家圖書館出版品預行編目 (CIP) 資料
狄膺日記 (1951) = The diaries of Ti Ying (Diffoutine Yin), 1951/ 狄膺原著 ; 王文隆主編 . -- 初版 . -- 臺北市 : 民國歷史文化學社有限公司 , 2023.11

冊 ; 公分 . -- (民國日記 ; 104-105)

ISBN 978-626-7370-10-0 (上冊 : 平裝). --
ISBN 978-626-7370-11-7 (下冊 : 平裝)

1.CST: 狄膺 2.CST: 立法委員 3.CST: 傳記

783.3886 112014613